中央财经大学中央高校基本科研业务费专项资金资助
Supported by the Fundamental Research Fund for the Central University, CUFE

北京市社会科学基金资助
Supported by Social Science Foundation of Beijing, China

我国众创空间的发展状况、系统内部机理分析与外部效应研究

金鑫　著

The Development Status, Internal Mechanism and External Effects of China's Crowd-innovation Spaces

中国财经出版传媒集团
经济科学出版社
Economic Science Press

图书在版编目（CIP）数据

我国众创空间的发展状况、系统内部机理分析与外部效应研究/金鑫著.—北京：经济科学出版社，2021.4

ISBN 978-7-5218-2427-8

Ⅰ.①我… Ⅱ.①金… Ⅲ.①企业-研究-中国
Ⅳ.①F249.214

中国版本图书馆CIP数据核字（2021）第042885号

责任编辑：于　源
责任校对：刘　娅
责任印制：范　艳　张佳裕

我国众创空间的发展状况、系统内部机理分析与外部效应研究
金　鑫　著
经济科学出版社出版、发行　新华书店经销
社址：北京市海淀区阜成路甲28号　邮编：100142
总编部电话：010-88191217　发行部电话：010-88191522
网址：www.esp.com.cn
电子邮箱：esp@esp.com.cn
天猫网店：经济科学出版社旗舰店
网址：http://jjkxcbs.tmall.com
北京密兴印刷有限公司印装
710×1000　16开　9印张　170000字
2021年9月第1版　2021年9月第1次印刷
ISBN 978-7-5218-2427-8　定价：38.00元

前　言

创新是社会进步的源泉。随着我国经济向高质量发展推进，科技创新也将成为推动经济高质量发展的重要动力。2015 年，随着“双创”首次写入《政府工作报告》，神州大地掀起一片“双创”浪潮，“大众创业、万众创新”逐渐成为时代创新发展的主流。用户成为社会实践中的创新主体，推动着创新发展模式向共同创新和开放创新的创新 2.0 模式转变。众创空间就是顺应创新 2.0 时代大众创新、开放创新的产物，是推动“双创”的重要载体。

众创空间是在互联网和创客空间的背景下形成的，是服务于大众创业的新型创新创业服务平台，它的产生和发展受到政策、制度、互联网等多种因素的共同影响。众创空间的发展推动了国家创新创业的发展，促进了产业结构转型升级。众创空间作为一个新兴事物，其含义、发展模式和理论等方面都得到了学者们的广泛关注。有关众创空间系统的发展状况、商业模式、内部运行机制、外在的集聚效应、创新效率等，都是亟待研究的问题。

本书拟解决的主要问题是我国众创空间发展状况、系统的内在机理和外部效应实证研究。研究重点主要体现在以下三个方面：

一是对国内众创空间学术研究发展状况、产业发展状况及商业模式进行分析。借助文献计量软件对众创空间领域的文献进行分析并从定量角度梳理众创空间领域的发展脉络，可以深入揭示众创空间的发展过程，有利于其他学者更好地把握众创空间的理论体系、发展形势和未来方向，同时也可以在前人的基础上更好地展开对众创空间的理论和实践研究。众创空间作为新兴事物，其产业现状和商业模式也是亟须探讨的难题。学术界关于众创空间的分类与商业模式划分的研究并未形成一致的意见。众创空间模式的侧重点各不相同，针对各具特长的众创空间，不同类型的企业通过明确众创模式与传统创新模式的区别以及众创空间所具有的优势，可以有选择地入驻并获得价值增值服务和创业辅助。根据众创空间的产业现状分析其商业模式，丰富了众创空间商业模式的理论研究。

二是对众创空间系统内在机理的研究。关于内在机理的研究聚焦于众创空间生态系统的系统特征和运行机制。从“众创空间”被提出到现在，我国已出现了众多的众创空间发展形式。众创空间利用互联网思维集聚了各种创业创新服务要素，这种模式创新由个人、政府、互联网企业、高校、科研机构、创投机构、中介机构等多主体构成，不仅适应“互联网+”和新常态的背景，同时将复杂的双创生态环境与创新系统相融合。随着众创空间的不断发展，众创空间平台不断与创业团队、政府、科研院所、投资机构等外部实体进行广泛的联系和交流，逐步形成了一个稳定的、持续发展的生态系统。分析研究众创空间的系统特征和运行机制有助于采取更适当的策略促进众创空间生态系统的建设。

三是对众创空间外在效应的研究。关于外在效应的研究则聚焦于众创空间与众创空间之间的作用关系。众创空间是创新资源和创业资源的集聚平台，并逐渐出现地理上的集聚。研究众创空间的集聚有助于了解、总结众创空间发展过程中的经验、做法，并改善众创空间发展的地域不均衡、行业不均衡。综合来看，对于全国各省份众创空间的运行效率还没有一个相对科学的论证和解释，对于投入的各项资源是否达到了最初的预想效果还有待考证，影响其效率的具体因素也还没有得到详细讨论。众创空间的发展并不是一帆风顺的，影响其效率的因素有很多，包括政府政策、经济环境、自身盈利模式、人才管理等诸多方面，为了众创空间的长远发展，对于诸多影响因素的挖掘是必要的。

本书的全部内容主要包括四大部分：

第一部分是基础研究和发展状况分析。该部分包括理论基础的介绍、国内众创空间的文献计量和产业发展状况的分析。本书所涉及的理论包括商业模式理论、复杂适应系统理论、创新创业理论、资源基础理论、产业集聚理论和效率评价理论。本书通过可视化文献分析软件，绘制了作者、机构和关键词共现图谱，分析了众创空间的研究现状。本书基于年鉴数据，从数量、创业团队和投资角度分析了众创空间的产业现状，并在总结众创空间现有类型的基础上，提出了六种众创空间的商业模式。然后根据亚历山大（Alexander）的商业模式理论，对六种商业模式进行分析，说明各众创空间商业模式的侧重点各不相同。

第二部分是众创空间系统内在机理的研究。该部分以众创空间系统为研究对象分析其系统特征、运行机制等，首先分析了现有的与众创空间相关的概念模型的优势和不足，通过对现有模型的改进和扩展，构建了众创空间生态系统的结构模型；其次，进一步详细分析了众创空间生态系统的参与者、系统结构、特征三个方面的内容；最后总结了众创空间创新生态系统运行机制，包括四个核心机制：供给机制、需求机制、催化机制和协调机制。

第三部分是众创空间外在效应分析。该部分的内容可以分为三个小部分。其一是对众创空间的地理集聚和影响因素分析，基于创业理论与国家级众创空间数据构建众创空间微观地理数据库，使用最邻近指数法、核密度分析法对众创空间地理集聚演化进行分析，运用区域基尼系数、赫芬达尔指数等六种指数对我国众创空间地理集聚进行测量。然后，运用区位熵、莫兰指数对众创空间集聚溢出效应进行检验，并运用泊松分布回归、负二项回归对影响众创空间集聚的因素进行实证检验，据此，在区域发展众创空间聚集区的相关因素方面提出相关政策建议。其二是众创空间投入产出效率研究。本研究使用三阶段 DEA 模型对我国 2016~2018 年 30 个省份的众创空间的投入产出效率进行评价，通过剔除环境因素等其他因素的影响，更为客观地评价众创空间投入产出的效率，包括众创空间综合效率、众创空间纯技术效率和众创空间规模效率，同时利用 Tobit 模型对影响其效率的因素进行探究。其三是依据各地区众创空间效率测算结果，选择内蒙古自治区和北京市进行创新创业政策文本分析，从而对重点提及的影响因素做深入分析，从政府政策角度寻找提升众创空间效率的方法，进一步挖掘有助于提升众创空间效率的因素。

第四部分是结论与展望。该部分汇总了前面各个章节得出的主要结论，总结了本书的主要贡献，最后指出了研究的不足之处以及对未来的展望。

为了有效实施众创空间战略，本书针对众创空间发展状况、系统内部机理和外部效应的研究，从理论和实际相结合的视角，积极探索适合中国国情的众创空间发展路径，推动“双创”工程对经济发展的促进作用。

本书的出版得到了中央财经大学的资助，部分研究内容得到了北京市社科基金重大项目（15ZDA50）的支持。本书由金鑫主笔，参与撰写的团队成员还有张敏、孙广华、刘佳朋、杨虎、崔丽欣、唐小毅等。张敏主要参与编写第二章、第三章、第五章，孙广华主要参与编写第六章，刘佳朋主要参与编写第七章和第八章，杨虎、崔丽欣和唐小毅也参与了部分内容的编写。由于众创空间是新生事物，而且还处在不断升级转型的演进过程中，再加上时间和编者水平的限制，因此本书若有不当之处，还请读者见谅！

目 录

第一章 绪 论

第一节 选题背景和研究意义

一、选题背景

技术的进步、社会的发展，推动了科技创新模式的转变。传统的以技术发展为导向、科研人员为主体、实验室为载体的科技创新活动，正转向以用户为中心、以社会实践为舞台、以共同创新、开放创新为特点的用户参与的创新2.0模式。众创空间就是顺应创新2.0时代用户创新、大众创新、开放创新的产物，是把握互联网环境下的创新创业特点和需求，通过市场化机制、专业化服务和资本化途径构建的低成本、便利化、全要素、开放式的新型创业服务平台的统称，其实质是创客与众筹、众包的结合空间，是创意、创业、创造与投资的结合空间。

在2015年1月28日召开的国务院常务会议上，李克强总理提出要大力发展“众创空间”的举措，以此为创新创业提供发展平台。同年3月11日，国务院办公厅印发的《关于发展众创空间推进大众创新创业的指导意见》提出了系列发展目标：到2020年，形成一批有效满足大众创新创业需求、具有较强专业化服务能力的众创空间等新型创业服务平台，以及孵化培育一大批创新型小微企业，并从中成长出能够引领未来经济发展的骨干企业，形成新的产业业态和经济增长点等。随着“大众创业、万众创新”理念的普及，以及政府政策的大力支持，众创空间如雨后春笋般成长和壮大起来。中国共产党第十九次全国代表大会的召开再一次掀起了“大众创业、万众创新”的热浪，众创空间作为一种双创载体扮演着重要角色，其为空间内创新创业企业提供了人员、投资、物力、创业配套等方面的服务，对于空间内企业创新创业的发展起到了很好的助推作用。从2015年开始，科技部火炬中心分批次审批国家级众创空间备案，分别于2015年11月公示

136家[①]，2016年2月公示362家[②]，2016年9月公示839家[③]，2017年12月公示639家[④]。截至2018年10月，国家级众创空间共计1952家[⑤]，之后有几十家众创空间被取消备案资格，至2019年11月，国家级众创空间共计1888家[⑥]。由此可见，众创空间优胜劣汰的健康发展机制已基本形成。

促进全民创新创业是我国经济发展现阶段的最迫切要求，是适应国内外经济形势、促进经济发展、提高经济发展质量的重要途径。构建以互联网为依托，面向人人的“众创空间”创业服务平台，对于进一步完善创新创业生态系统，激发亿万群众的创造活力，培育包括中小企业、大学生在内的各类创新人才和创新团队，带动扩大就业，打造经济发展的新“发动机”，具有重要意义。

虽然众创空间在产业实践中发展迅速，但是作为一个新生事物，众创空间的商业模式仍然在探索演进过程中，其内在的运行机理和外部效应研究，以及相关的支撑理论等研究还不完备。本书针对我国众创空间的发展状况、系统内部机理和外部效应进行研究，将从理论和实际相结合的视角，积极探索分析适合中国国情的众创空间发展路径，推动“双创”工程对经济发展的促进作用。

二、研究意义

本书面向众创空间的发展状况、系统内部机理和外部效应，将从理论和实际相结合的视角，积极探索适合中国国情的众创空间发展路径。

本书针对国内众创空间发展状况的研究，有助于细致梳理众创空间领域的发展脉络，深入揭示众创空间的发展过程；针对众创空间系统内在机理的研究，聚焦于众创空间生态系统的系统特征和运行机制，有助于丰富众创空间生态系统研究理论，促进众创空间生态系统建设；针对众创空间外在效应的研究聚焦于众创空间外在作用关系，主要包括众创空间的空间集聚效应、投出产出效率等，有利于探索促进众创空间发展的影响因素，推动众创空间的产业实践，进而推动“双创”工程对经济发展的促进作用。因此，本书具有非常明显且非常重要的理论研究意义和实践应用价值。

---

① 科技部火炬中心：《科技部火炬中心关于公示第一批众创空间的通知》，2015年11月19日。

② 科技部火炬中心：《科技部关于公布第二批众创空间的通知》，2016年2月15日。

③ 科技部火炬中心：《科技部关于公布第三批众创空间的通知》，2016年9月29日。

④ 科技部火炬中心：《科技部关于公布2017年度国家备案众创空间的通知》，2017年12月25日。

⑤ 科技部火炬中心：《关于公布国家备案众创空间的通知》，2018年10月29日。

⑥ 科技部火炬中心：《科技部火炬中心关于公布2019年度国家备案众创空间复核结果的通知》，2019年11月18日。

第二节　众创空间研究现状

一、国内研究现状

“促进全民创新创业”是现阶段我国经济发展最迫切的要求，是适应国内外经济形势、促进经济发展、提高经济发展质量的重要途径。“大众创业、万众创新”背景下，众创空间已经成为执行“互联网+”战略的重中之重和推行“双创”的强大动力。众创空间虽然起源于国外的创客空间（Maker Space），但在国内的产业实践和政策推动中又包含了更多的内涵和机制，是在结合我国国情的基础上，又创新性地提出的新一代创新创业模式，属于新生事物。众创空间的概念提出之后，相关学者和政府部门都对众创空间的定义、模式、分类、运行机制等多个方面进行了相关研究，但对众创空间的准确定义至今还未达成一致意见。

准确把握和理解众创空间的含义有助于众创空间相关问题的研究。部分众创空间相关定义如表1-1所示。

表1-1　部分众创空间相关定义

文献	定义
《关于发展众创空间推进大众创新创业的指导意见》	众创空间是顺应“互联网+”时代创新创业需求和特点的低成本、便利化、全要素、开放式的新型创业服务平台
《中国众创空间发展蓝皮书》	众创空间为创业者提供包含工作空间、网络空间、交流空间和资源共享空间在内的各类创业场所；为创业者提供低成本、便利化、全要素的创业服务；开展社会化、专业化、市场化、网络化的特色创新创业孵化服务，是新型创新创业平台
张娜等（2015）	众创空间是线上线下的自组织孵化器。狭义上，众创空间包括创客空间和技术众包平台。广义上，众创空间是通过市场化机制、专业化服务和资本化途径构建的低成本、便利化、全要素、开放式的综合服务平台
吕力等（2015）	众创空间是在创客空间、创新工厂等孵化模式的基础上，通过将其市场化、专业化、集成化、网络化从而实现创新与创业、线上与线下、孵化与投资相结合的开放式综合服务平台

通过表1-1可知，不同的文献和学者对众创空间的定义有所不同，但对众

创空间的一个共识是：众创空间是提供创新创业服务的一个综合性平台。同时，部分学者认为众创空间主要包括线下服务和线上服务两个部分。线下服务部分主要提供包括工作空间、交流空间等的创新创业环境和服务创新创业的共享资源；线上服务部分则包括网络空间、资源共享空间、知识社区等基于互联网的创业服务。

通过对众创空间相关文献的调研发现，相关研究主要集中在以下三个方面：

一是关于众创空间内涵和运行机制的研究。王佑镁和叶爱敏（2015）通过对国内外创新创业平台的模式及特点进行整理总结，创造性地提出了众创空间的功能模型、运营机制和发展服务类型。刘春晓（2015）对比了中国的创新模式与美国的创新模式，分析了众创空间在中国的发展，并按照参照主体不同、对创业企业的服务阶段和专业服务能力的不同将众创空间进行了分类，最后探索了众创空间的新型运营模式。刘志迎等（2015）最早提出了“众创”概念，他认为众创可以从两方面来阐述，即创新者和需求者。创新者是指热爱并积极实施创新活动的普通大众，需求者是指需要利用创新者创新成果的单位。在当今社会互联网技术的发展背景下，创新者发布创新成果，需求者利用网络平台搜寻到自己需要的创新成果，双方通过规则完成交易。郝君超和张瑜（2016）研究了我国众创空间数量与分布、发展模式以及各地方支持政策，并对国外典型众创空间发展模式进行分析，提出了我国众创空间进一步发展的相关建议。王涛（2016）认为，众创空间这种新型创业服务平台，为创业者提供了工作空间、网络空间、社交空间和资源共享空间。肖志雄（2016）结合野中裕次郎的“知识理论”，认为众创空间知识生态系统有三个组成部分：物理、虚拟、精神空间，并符合知识的“场理论”。张志宏（2017）认为众创空间可以有效降低创业边际成本，促进科技体制改革创新以及社会组织单元变革。许慧珍（2017）基于平台视角提出了众创空间的商业模式架构，众创空间以交叉网络效应吸引用户，形成创业网络，从而获取收入，形成商业模式循环。刘志阳（2017）认为众创空间产生的根本原因是民主化的创新唤醒了大众的创新需求，众创空间具有平台化、社群化的特点，可以广泛吸引创客、企业、政府等各方积极参与，打造全民参与的创新创业环境。田颖等（2018）从知识资源匹配、吸收、转移、交互、增值五方面建立了智力资本三维协同结构，并对众创空间进行案例分析。单鹏和裴佳音（2018）选择 13 家北京众创空间，从整体和区域层面构建了发展能力、创新服务能力、服务管理能力、聚集创业者能力指标，共计 4 个大类 14 个小类，并对其进行绩效评价，结果发现北京市众创空间区域发展不均衡，众创空间服务管理能力水平低于整体绩效水平，这极大地制约了众创空间的发展。

二是从创业生态系统视角进行的相关研究。创业生态系统与众创空间可以做到有机结合，因此，学者们从生态系统视角对众创空间的核心要素、特征与结构、创意共享机制等方面展开了研究。陈夙等（2015）通过杭州梦想小镇众创空间的发展历程，对众创空间创业生态系统的内涵、特征与运行机理进行说明，从众创精神、创客生态圈、资源生态圈以及基础平台与创业政策等四个维度，分析了众创空间创业生态系统的生态系统代谢、多层次创业网络嵌套、异构创业资源整合、创业能力建构以及用户价值创造等五个核心机制。郭璇（2015）以信息共享理论为切入点，梳理出实现众创空间资源共享的四个机制。王钧叶（2018）以郑州市为例，首先总结了众创空间创业生态系统运行机制体系的要素，具体包括创业环境、创业服务及创业培育；然后构建了众创空间创业生态系统运行绩效评价体系，评价指标分别为创新服务能力、发展能力、聚集创业者能力及服务管理能力；最后构建了包含定性与定量指标的绩效评价体系。刘帆（2019）以南昌市众创空间为例，从宏观和微观角度阐述了众创空间对于创新创业发展的重要性，引入了众创空间的三螺旋理论、生态位系统理论，以及竞争共生理论，与创业生态系统对比分析，结果发现众创空间的创业生态仍有进步的空间，但缺乏内部机制使其运转起来。徐芸等（2019）以浙江省梦想小镇为例，提出了识别各要素需求、加强异质性资源对接、畅通进出机制等促进系统完善的建议。

三是关于众创空间应用方面的相关研究。张娜（2015）在“互联网 +”的背景下，结合众创空间相对于创客空间的区别，对众创空间的定义进行了重新解读。通过典型的案例进一步分析了众创空间的特点，重新定义了众创空间的内涵。邱进友（2015）提出了图书馆理念的全新视角，将图书馆的运行理念巧妙地融合到众创空间发展的过程中，从而提出针对性的众创空间发展对策。王国华（2016）认为互联网时代的众创空间是特定时代背景下的物理空间与社会空间、精神空间的融合体。他从社会和历史文化变迁引起的意识形态机遇入手，分析和论述了在互联网时代背景下如何构建大众创新创业的众创空间。邹发伟（2016）从实际情况出发探讨了在众创空间发展过程中政府应该扮演的角色，认为众创空间的发展模式应该是市场主导、政府引导。王占仁和刘海滨（2016）通过对25个众创空间的调研，从创新创业教育方面出发，认为结合众创空间来举办相关的主题培训活动，可以促进高校创新创业教育的发展。余文博（2017）从众创空间发展现状以及在本土化发展过程中遇到的挑战出发，提出积极放宽创业成功的要求限制，结合新时期的手段，推动自身创新改革，实现创新发展。蒋靖国（2017）以厦门市发展的数据展开分析，他认为众创空间的运营需要借鉴和运用互联网思维降低自身运营成本，提供可持续、高价值的服务。李小燕等（2017）以中小企业的成长与发展为切入点展开分析，从“互联网+”科技服务的内涵与特征入手，提出了很多建立科技服务新模式的对策，推动了研究进一步的发展。李志刚和谷锦锦（2019）从“互联网+”背景下众创空间的功能价值与特征出发，得出了众创空间运行机制的框架，包括协同机制、整合机制和提升机制，为众创空间的进一步发展提出了意见和建议。

二、国外研究现状

众创空间是一种具有中国特色、符合中国国情的创新创业服务平台，其源于国外的创客空间，但又具有不同于创客空间的内涵和机制。国外的相关研究主要针对创客和创客空间。

特克斯勒等（Troxler et al.，2010）借鉴了本克勒等（Benkler et al.，2006）提出的“大众生产”这一定义，将创客空间称为一种以“大众生产”为基础的新模式。美国创客空间 Noisebridge 创始人米奇·阿特曼（Mitch Altman，2011）创造性地将黑客行为纳入创客空间的发展，提出创客借助黑客行为可以不断发展个人创意。柯拉（Kera，2012）则认为创客空间需要以一系列的共享行为为前提，如创客们所需的技术、设施和场地。保文思（Bauwens，2012）对于经济分享有独特的见解，并从这一角度对创客空间的发展进行了探讨。洛肯·登普西（Lorcan Dempsey，2012）认为目前的创客空间应依据发展需要进行资源的重新配置，提供的服务也应转型升级。杰夫·戈登森和纳特·希尔（Jeff Goldenson and Nate Hill，2013）开创性地将图书馆的建设经验应用于创客空间，有助于创客空间的模式探索。加西亚—洛佩兹（Garcia - Lopez，2014）认为创客空间是艺术、计算机、科学、木工等方面的实验地，可以综合进行创造性的活动，并且莫利·布拉什（Molly Brush，2014）提出创客空间可以与高校进行合作，以实现校内学生创新作品的落地。林恩·鲍尔和瑞安·尚帕涅（Leanne Bowler and Ryan Champagne，2016）通过定性分析和调查走访相结合的方式，对特定类型的创客空间进行探究，期待能够改进创客空间运行过程，促进核心技术的提高。

综合国内外研究现状，有关众创空间的研究已经得到学术界和产业界的重点关注。目前的学术研究主要侧重于众创空间的内涵特征、运作模式、参与主体、发展方向等概念或现象。众创空间是产业实践的产物，其产业发展十分迅猛，现已诞生了一大批众创空间。然而，有关众创空间理论和方法的研究却远远落后其产业实践。因此，学术界亟须从微观、宏观等不同层面深入研究其内涵与特征，从技术创新、产业培育、企业孵化、社会效应等多个角度分析其功能。

三、政策分析

2015 年是我国实施“双创”战略的元年，国务院和科技部高度重视和切实加快大众创新创业工作，加强加对众创空间发展的支持。2015 年 3 月以来，中央层面出台了至少 50 份相关文件以加强对创新创业支持的力度。表 1－2 和表 1－3 分别为中央政府和各地级政府关于众创空间的政策及关注重点。这表明，一方面，“众创空间”将是我国政府着力推进经济发展和社会进步的重点内容；另一方面，随着众创空间规模的不断扩大，其更将成为国家未来发展战略的重要抓手。

表 1－2　　中央层面众创空间扶持政策一览

时间	政策来源	关注重点
2014 年 9 月 10 日	夏季达沃斯论坛	首次提出开启大众创业、万众创新新局面
2015 年 1 月 28 日	国务院常务会议	首次提出发展众创空间等创业服务平台
2015 年 3 月 5 日	政府工作报告	38 次提及“创新”、13 次提及“创业”
2015 年 3 月 11 日	《关于发展众创空间推进大众创新创业的指导意见》	加快构建众创空间、开展股权众筹融资试点、完善投融资机制、营造创新创业文化氛围
2015 年 6 月 16 日	《关于大力推进大众创业万众创新若干政策的建议》	创新体制机制、优化财税政策、发展创业服务、拓宽城乡创业渠道
2015 年 7 月 14 日	《国务院关于积极推进“互联网＋”行动的指导意见》	形成新一代信息技术产业体系、培育智能制造、新型生产模式、小微企业创业创新
2015 年 9 月 14 日	《发展众创空间工作指引》	开展创业培训、评估监测、链接国际创新资源
2016 年 2 月 14 日	《国务院办公厅关于加快众创空间发展服务实体经济转型升级的指导意见》	建设国家级创新平台和双创基地、促进军民技术双向转化、落实创新的税收政策
2017 年 7 月 27 日	《关于强化实施创新驱动发展战略进一步推进大众创业万众创新深入发展的意见》	全面实施创新驱动发展战略、培育壮大新动能、改造提升传统动能和促进我国经济保持中高速增长、为迈向中高端水平提供强劲支撑
2017 年 5 月 24 日	《国务院办公厅关于县域创新驱动发展的若干意见》	推动县域创新驱动发展工作
2017 年 6 月 21 日	《国务院办公厅关于建设第二批大众创业万众创新示范基地的实施意见》	不断探索实践，在持续完善创新创业生态、建设创新创业平台、厚植创新创业文化方面取得了显著成效，形成了一批创新创业高地，打造了一批创新创业品牌，探索了一批创新创业制度模式

续表

时间	政策来源	关注重点
2018年9月26日	《关于推动创新创业高质量发展打造“双创”升级版的意见》	推动创新创业高质量发展、打造“双创”升级版

表1-3　部分省、市众创空间扶持政策一览

省、市	政策来源	关注重点
北京	《“创业中国”中关村引领工程（2015~2020年）》	继续扩大各类创客组织以及创客空间模式的智能硬件孵化器和加速器
天津	《关于发展众创空间推进大众创新创业的政策措施》	加快构建新型孵化器、高校合作创新空间及民办非营利机构创客空间，实施众创空间示范工程建设
上海	《“创业浦江”行动计划（2015~2020年）》	涌现新型孵化模式，依托大学科技园、产业园的“创业苗圃+孵化器+加速器”创业孵化载体、大企业设立的产业驱动型孵化器、创业社区，形成要素齐全、功能完善、专业高效、氛围活跃的创业服务体系
南京	《关于大力实施创新驱动发展战略当好苏南国家自主创新示范区建设排头兵的意见》	打造最优“创客栖息地”，以风险投资基金、风险补偿等金融手段支持研发和产业化的财政支持机制，建成全国一流、具有国际影响力的国家创新型城市
江苏	《“创业中国”苏南创新创业示范工程实施方案（2015~2020年）》	推进地市新型孵化服务机构发展，设定2020年众创空间等新型孵化机构、创业导师队伍、创业投资机构管理资金规模等方面的目标数量
杭州	《“三次创业”三年行动计划（2015~2017年）》	开展“创新型孵化器建设年”活动，打造中国的“创业湾”
深圳	《深圳市促进创客发展三年行动计划（2015~2017年）》	支持设立创客专项资金、创客投资基金，对创客空间、创客项目、创客服务、成果转化等创客活动予以支持，打造国际创客中心
成都	《成都“创业天府”行动计划（2015~2025年）》	支持众创空间、创新孵化载体、网上虚拟孵化平台、“创业苗圃-孵化器-加速器”的全链条孵化培育体系等
武汉	《东湖国家自主创新示范区关于建设创业光谷的若干意见》	重点整合创业资源，打造领先全国的“众创空间”
大连	《大连市加强创业孵化平台建设进一步促进创业型人才在连创业办法》	给予创业型人才相关扶持政策条件，开辟绿色通道、设立一站式窗口、采取上门服务和网上申报

续表

省、市	政策来源	关注重点
青岛	《创业青岛千帆启航工程实施方案》	推进创新型孵化器、专业孵化器、企业与高校院所衍生创业群落、新型创业社区建设等

第三节 研究方法

一、文献研究

文献研究是指通过对相关文献进行搜索、识别、整理和归纳，从中总结出研究现状和研究观点，并发掘出现有研究的不足之处或者研究空白，从而可以对不足之处进行改进，或者对研究空白进行填补。本书通过文献研究，梳理了众创空间的含义和外延、众创空间系统的内部机理和外部效应等方面的内容。

二、调研访谈

通过调研访谈，可以加深对相关概念的理解，探究相关理论在实际中的应用情况，同时可以收集数据来进行相关理论的实证研究。众创空间作为一个比较新的概念，与其直接相关的理论研究相对较少，为了更好地理解众创空间的概念，探究众创空间的发展模式，本书通过对北京市和湖北省的部分众创空间进行了实地调研，以加深对众创空间实际状况的认识。

三、空间统计方法

使用 ArcGIS 的空间分析模块和空间统计模块，可以实现对研究对象地理分布特征、空间关系、模式等的分析。本书使用的方法包括最近邻指数法、核密度法。最近邻指数法用平均观测距离与预期平均距离的比率进行表达。核密度估计法是一种非参数密度估计方法，假设地理事件上所发生的概率不同，点密集的区域事件发生的概率高，点稀疏的地方事件发生的概率就低。该分析方法可用于计算点状要素在周围邻域的密度，从而显示出空间点较为集中的地方。

四、文献计量法

文献计量法是一种以文献的不同属性特征为基础，采用数学和计量的方法，对多个文献进行量化统计的分析方法，能够实现对某一研究领域中研究现状与发展趋势的刻画（郑文晖，2006）。CiteSpace 是文献计量法的常用工具，其全称是 Citation Space，又称“引文空间”，是美国德雷塞尔大学陈超美博士基于 Java 语言开发用来进行知识图谱绘制的软件。基于此软件我们可以对文献进行可视化的计量与分析，通过绘制某一领域发展的知识图谱，我们能够对该领域的研究现状、关键文献、研究热点和前沿方向有更加直观的认识（陈悦等，2015）。

五、三阶段 DEA

三阶段 DEA 模型是一种有效的效率评价方法，其在 DEA 模型的基础上进一步探讨环境等因素的作用，同时可通过剔除这些因素得到对决策单元管理水平的评价。具体的判断过程可分为三阶段进行：

第一阶段：传统 DEA 模型，主要对原始的投入和产出数据进行 DEA 分析。

第二阶段：相似 SFA 模型，主要探讨第一阶段中各项投入存在松弛的原因，一般来说，主要包含环境因素、随机因素和管理因素这三种。

第三阶段：调整 DEA 模型，主要将剔除环境因素和随机干扰项后的投入数据以及原产出数据再次代入 DEA 模型中，计算各决策单元的投入产出效率。

第四节 本书的主要内容和框架

本书的研究内容框架如图 1－1 所示。

各章节具体安排如下：

第一章是绪论。本章主要介绍了本书的选题背景、研究意义、研究现状、研究方法与内容结构。

第二章是相关理论综述。本章梳理了后面研究所使用的理论，主要包括商业模式理论、创新创业理论、资源基础理论、产业集聚理论和效率评价理论。

第三章是对我国众创空间学术研究发展状况的分析。本章以 CNKI 数据库论文为数据样本，利用可视化文献分析软件 CiteSpace 对我国众创空间研究主题变化进行可视化分析，从作者、研究机构和关键词角度绘制了众创空间网络图谱，根据网络节点中心度分析了我国众创空间研究主题的变化状况，并针对研究的相关结论，对众创空间的研究提出了一些建议。

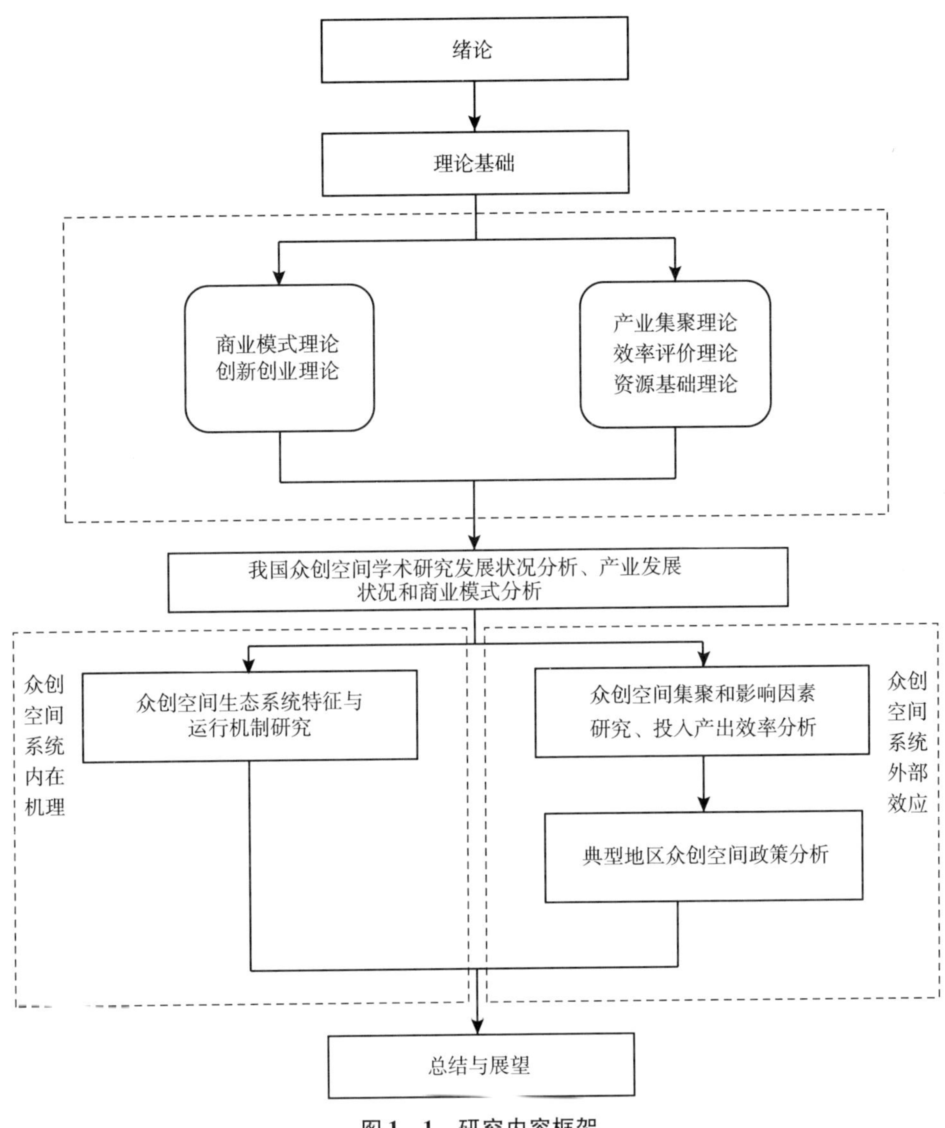

图1-1 研究内容框架

第四章是我国众创空间产业发展状况和商业模式分析。本章在搜集整理年鉴数据的基础上，从数量、创业团队和投资角度分析了众创空间的产业现状，并结合目前我国众创实体发展，指出国内众创空间主要有六种模式：企业平台型众创空间、"天使+孵化"型众创空间、开放空间型众创空间、媒体依托型众创空间、垂直产业型众创空间和高校合作型众创空间。

第五章是众创空间生态系统的系统特征与运行机制研究。本章首先分析了与众创空间相关的现有概念模型的优势和不足；其次，在借鉴第二章相关理论的基础上，通过对现有模型的改进和扩展，构建了众创空间生态系统的结构模型；再次，进一步详细分析了众创空间生态系统的参与者、系统结构和特征三个方面的内容，并通过深入剖析众创空间以探究其运行机制，结果表明众创空间中存在多主体，其各自的活动参与使众创空间成为一个复杂的创新生态系统；最后提出有助于众创空间进行系统优化和发展改进的建议。

第六章是众创空间集聚和影响因素分析。本章首先基于国家级众创空间数据构建众创空间微观地理数据库，使用最邻近指数法和核密度分析法对众创空间地理集聚演化进行分析；其次，运用区域基尼系数、赫芬达尔指数等六种指数对我国众创空间地理集聚进行测量；再次，运用区位熵、莫兰指数对众创空间集聚溢出效应进行检验，运用泊松分布回归、负二项回归对影响众创空间集聚的因素进行实证检验；最后，在区域发展众创空间聚集区的相关因素方面提出相关政策建议。

第七章是众创空间投入产出效率研究。本章选用三阶段 DEA 模型对我国 2016~2018 年 30 个省份的众创空间的投入产出效率进行评价，同时利用 Tobit 模型对影响其效率的因素进行探究。Tobit 回归模型的结果突出强调了科技服务水平对提升众创空间效率的重要作用，对于政府的支持提出了更高的要求，最后根据研究结果提出了具体建议。

第八章是典型地区众创空间政策分析。本章依据第七章的各省份众创空间效率测算结果，选择内蒙古自治区和北京市进行创新创业政策文本对比分析，从而对重点提及的影响因素做深入分析，从政府政策角度寻找提升众创空间效率的方法，进一步挖掘有助于提升众创空间效率的因素。

第九章是结论与展望。本章主要对本书涉及的众创空间的重点结论进行总结，提出了不足之处，并指出了未来针对众创空间可进一步研究的方向。

第二章　相关理论综述

众创空间蓬勃发展，但对其理论基础的研究相对较少。本章将通过对相关文献的梳理以及对众创空间的调研分析，对众创空间的理论基础进行深入剖析，为下一步的研究奠定扎实的理论基础。

第一节　商业模式理论

亚历山大（Alexander，2004）将商业模式定义为：商业模式是一种包含了一系列要素和关系的工具，它可以用来阐释企业的商业逻辑，描述企业能为消费者提供的价值以及实现这些价值并产生长期盈利的收入要素。

亚历山大把商业模式划分为九个单元：

一是目标客户。目标客户是企业所针对的客户群体。一般来说，特定公司的目标客户群体会具有一些共性，这些客户可以使公司更好地实现价值创造。

二是价值内涵。价值内涵是企业向客户提供的价值，包括产品形式和服务形式。价值内涵解释了企业能留住消费者的原因，即它能最好地解决消费者所面临的问题。典型的价值内涵包括创新、实用、设计、品牌、易用等。

三是传送渠道。传送渠道是企业将价值内涵传递给消费者的渠道，包括沟通渠道、分销渠道和销售渠道。

四是客户关系。客户关系指企业与目标客户之间维持的稳定关系。维持客户关系可以使企业更好地为消费者提供价值、保持客户、提高客户的收益。

五是收入流。收入流指企业成功地把价值内涵传递给客户从而获取的收入。收入流有两种形式：一次性收入和长期收入。收入流的来源包括出售产品、收取使用费、出租出借、发放许可、广告费等。

六是关键资源。关键资源是指支撑企业的商业模式运转的重要资源，这些资源是企业创造价值内涵的基础。关键资源一般包括物质资产、知识产权、人力资源等。

七是关键活动。关键活动是企业为了让商业模式顺利运转而从事的活动。通过关键活动，企业才能创造价值内涵，进而向消费者提供价值内涵，赢得市场份额，维持客户关系，最终获得收入。关键活动一般包括生产产品、提供服务等。

八是关键伙伴。关键伙伴是指除企业外，产业链上的供应商和合作伙伴所形成的网络。企业之间交换价值并实现商业化，进而形成了合作伙伴网络与商业联盟。关键伙伴的形式一般包括非竞争对手间的战略联盟、竞争对手之间的竞合、合资合作等。与关键伙伴进行合作，有助于优化组合、获得规模效益、为企业减少风险和不确定性等。

九是成本结构。成本结构是企业的商业模式在运营过程中产生的。企业维持客户关系、生产价值内涵都会产生成本。成本结构因商业模式的不同而不同。一般的成本结构包括以固定成本为主、以可变成本为主、以人力资源成本为主和以原材料成本为主等。不同成本结构的驱动因素也不同，包括成本驱动型和价值驱动型。

第二节 创新创业理论

一、创新理论

大众创新作为一种新的创新模式，继承和发展了传统的创新理论，是创新理论发展到一定阶段的产物。熊彼特（1991）首次提出了创新理论的概念，从此创新理论随着社会的不断前进，有了进一步深入的发展。其中封闭式创新、用户创新、开放式创新、专—业余爱好者创新以及大众创新是创新理论发展道路上最具代表性的创新模式。

封闭式创新是出现最早的一种创新模式，其主要特点是由企业全程严格控制创新活动，从技术研发到产品生产、从产品销售到售后服务的全过程都由企业全部控制，保证了技术的独享和垄断，从而获得高额边际利润。在 20 世纪 80 年代以前，封闭式创新因其高额的边际利润和企业内部良性循环而获得了巨大的成功（周立群和刘根节，2012）。随着信息技术的发展，知识和技术溢出速度加快，技术生命周期变短，研发风险变大，企业通过专业知识技术壁垒来获利的能力迅速减弱，使封闭式创新模式表现出极大的局限性。20 世纪 70 年代，希佩尔（Hippel.，1976）首次提出了“用户创新”的概念，认为由于封闭式创新模式的局限性，企业不得不从用户那里寻找真正的需求来开发新的技术和产品，用户在创新过程中扮演着越来越重要的角色。随后，盖尔斯等（Gales et al.，1995）通过实证研究证明了用户在创新过程中发挥的巨大作用。切萨布鲁夫（Chesbrough，2006）通过对一些著名实验室的研究发现，在封闭式环境下，这些实验室的获利能力逐步下降，同时，随着技术复杂度的提高，这些实验室需要同其他实验室、企业以及大学进行合作。在此基础上，切萨布鲁夫首先提出了“开放式创新”的概念。对于“开放式创新”概念内涵的解析，学术界形成了三个主流学派：以切萨布鲁夫（2006）、海斯特贝卡（Hastbacka，2004）为代表的资源学派认为，开放式创新是企业主动将内部能力与外部资源进行整合，伴随着技术转让、资产分派、信息反馈的过程；以韦斯特（West，2006）、加斯曼（Gassmann，2006）为代表的认知学派认为，开放式创新是一种认知活动；以恩克尔等（Enkel et al.，2009）、李等（Lee et al.，2012）、达兰德和甘恩（Dahlander and Gann，2010）等为代表的流程学派认为，开放式创新是通过企业内部知识的流入与流出进行创新的一种模式。专—业余爱好者创新是李德彼特等（Leadbeater et al.，2004）提出的一种创新概念，认为随着社会福利的逐步完善，人们愿意将自己的业余时间贡献出来进行创新活动。例如苹果公司、惠普公司等都是在车库里通过以互联网为基础的创新活动而诞生的。专—业余爱好者创新为大众创新提供了基础保障。

由于大众创新的概念最近几年才被提出，尽管已有一些学者对其进行了研究，但目前其定义尚未达成统一。付群英和刘志迎（2016）通过对不同创新模式进行比较，将大众创新定义为：人们在自由组织和参与的实体空间或者虚拟社区中，通过线上线下交流互动，共同研发技术、制作产品的创新创业活动。刘志迎（2015）借鉴开放式创新的定义，将大众创新定义为互联网背景下，大众创新者与创新需求者通过互联网平台来实现创新的展示和应用的一种创新模式。王佑镁和叶爱敏（2015）认为大众创新本质上是开放式创新理论进一步深化和成熟的结果，也是创新民主化的表现。

二、创业理论

创业作为社会经济发展中的一种关键力量，受到了诸多学者的关注和研究。然而，创业理论不是一个单一的理论，其理论基础涉及多个学科，包括经济学、社会学、管理学、心理学等。张健等（2003）通过文献分析发现有关创业的定义多达77个。由此可以看出，由于创业的复杂性，到目前为止仍无法给其一个统一的定义。有关创业理论的相关研究主要集中在创业的理论基础、创业过程、创业环境、创业动机、创业主体等几个方面。

在创业的基础理论方面，学者们分别从多个学科的角度进行了阐述。奈特（Knight，1921）从经济学的角度对创业进行了研究，认为创业家在经济活动中有重要的地位，其存在的主要原因是未来的不确定性。熊彼特（1991）在其构建的经济模型中认为创业家的出现打破了经济均衡，对经济会产生重要影响。关于创业者本身的特征和创业动机等问题，相关学者从心理学的角度进行了研究。麦克里兰（McClelland，1967）认为创业者和非创业者在心理上的不同之处在于创业者对成功有更多的渴望、对高风险的追求和容忍程度以及对创造的欲望等方面。对于创业者的行为问题，相关学者则是通过管理学的视角进行研究。管理学派认为创业是创业者通过企业战略导向，发掘潜在的创业机会，然后对内部和外部的资源进行整合的一个过程。

除了创业相关的理论研究，创业动机、创业环境也是创业研究的主要研究内容。陈震红等（2004）给出了一个有关创业理论的研究框架，该研究框架包括基础理论、创业者类型、组织者类型和创业过程四个方面的内容，同时将创业过程分为机会识别、资源获取与经营两个过程。

众创空间的发展本身就是为创业提供服务，因此众创空间是创业过程中的一个重要影响因素。一方面，众创空间的发展是以创业理论为基础的，属于创业理论中的创业环境要素，有利于创业者识别创业机会和整合创业资源。另一方面，众创空间的发展也丰富和发展了创业理论。

三、创业生态理论

创业生态理论的研究涉及多个学科领域，是新型理论，研究发展较晚，最早要追溯到杜恩（2009）基于 MIT 讨论创业生态系统概念。创业型大学的创业生态系统主要培养学生的创业能力，能够塑造一个有效的创业者和创业活动的培养范式，从而为后续的研究提供基础。科恩（Cohen，2006）从产业集聚和工业生态学理论入手，使用生物学中的自然生态系统，提出了可持续性的创业生态系统。他把创业生态系统描述为地理区域内的相互依赖的主体，通过生态体系内各主体之间的互动，促进经济的一体化发展。麦森和布朗（Mason and Brown，2011）认为创业者在生态系统内部，通过正式沟通和非正式沟通来集聚资源、调节问题、增长业绩。可见，以上学者的研究是将生物学中的生态系统理论与社会学理论相结合，构建复杂的创业生态系统理论，把一个个创业者看成生态系统中的主体，主体和主体之间的沟通是生态系统中养料的汲取，生态系统把创业者包裹在体系内，从而培育各种创业者，提高创业业绩。

国内的学者对此也有所研究，林嵩（2011）提出了在区域发展层面的创业生态系统理论，探讨系统内部运行机制的问题；蔡莉等（2016）在政府和企业两个层面分别构建运行网络，在两个网络维度上对不同类型的创业生态系统进行对比研究；段琪等（2015）基于扎根理论对创业生态系统进行了动态研究；项国鹏（2016）构建了生态系统动态模型，把静态模型推广到动态层面。

“生态系统”概念是由坦斯利（Tansley）在1936年首次提出的生物学概念，后来学者们将这一概念引入了经济学、管理学领域。创业生态系统本质是分析企业家精神和经济环境生态系统的理论。创业活动是一个复杂性活动，创业主体需与各个相关主体发生交互作用，并在周边环境下进行。

通常情况，创业过程一定伴随着创新的过程，二者是不可分割的过程，但是二者又有显著区别。创新是生产要素、生产方式、商业模式等的重新组合，这种组合推动生产力的进步，又可分为技术创新和组织创新。而创业则是在生产动机、发展动机和关系动机的驱动下，个人或团体通过一定方式来创造价值、获得报酬、赢得社会尊重，从而实现自我价值的过程。创业生态理论关注创业各主体之间的相互作用、创业主体与创业环境之间的相互作用，以期达到创业成功的效果。创新理论体系的开创者熊彼特在《经济发展理论》中也认为创业是创新的母体，创业是“创造性破坏”的重要驱动力。伊森伯格（Isenberg，2011）提出创业生态系统具有政策、市场、财务、文化、支持者和人力资本六大因素。麦森和布朗（2011）认为，创业生态系统是区域内主体相互关联的系统，表现为各主体之间通过正式或非正式活动在有限区域内进行资源重配。

蔡义茹等（2018）根据2006~2015年《中关村年鉴》《硅谷指数》等材料中的数据构建创业生态系统特性和评价指标，发现中关村仍然处于成长初期。曹钰华等（2019）从创业生态角度，使用案例分析的研究方法对中关村大街和苏州金鸡湖创业长廊进行了发展模式研究，认为资源汇聚、价值交换和平衡调节是系统运行的重要机制。张志宏（2017）认为众创空间是创业的“利基”（Niche）空间，它是在新经济时代为市场细分推出有针对性的专业产品的生态模式，可以促进经济体系的迁移，是新经济行为的孵化场所。众创空间有其自身的特殊定位与特点：（1）服务定位不同。传统的孵化器的服务对象主要是优质项目，入孵门槛高，可定位为服务创业“头部”；众创空间的定位服务对象不是项目而是创业者，主要有大学生、留学生、科技人员、企业离职高管，入门门槛低，孵化周期短，一般为3~6个月。服务“长尾区域”，有助于降低广大创业者的创业边际成本和失败风险。(2) 提供硬件基础不同。传统孵化器提供的是为优质项目打造的优质办公环境与完整的创业公司硬件环境，而众创空间则多数是以工位的方式提供办公环境，强调开放、共享、自由、创新以及线上社区与线下实体的结合，从而为创业者提供一个由创意到实践的快速转化环境。(3) 众创空间更加强调管家式服务和导师制辅导。

综上可知，创业生态系统研究还处于较为早期的阶段，研究成果较少，真正的研究有待推进。创业生态系统的基础是群体在所处环境中的全面互动。从本质上来讲，创业生态系统是以企业家精神和创业者为核心，通过知识的系统间流动进行经济发展的系统。

第三节　资源基础理论

资源基础理论（Resource-Based View，RBV）来源于沃纳菲尔特（Wernerfelt，1984）“企业的资源基础论”的成果，其主要有三个假设：一是企业具有不同的有形和无形的资源，并且这些资源能够化为独特的能力；二是企业资源是不可流动的且很难复制；三是这些特殊的资源和能力能为企业恒久维持竞争优势。国内外相关学者对资源基础理论做了深入的研究和探讨。国外方面，卡拉杰布林克等（Kraaijenbrink et al.，2010）对业内资源基础理论的八个方面的疑问进行了深入的分析和解答，认为资源基础理论可以演变成一个更完整的语境和与管理相关的竞争管理理论。洛基特等（Lockett et al.，2009）也从理论、方法、实证证据和实践见解的角度，研究了资源基础理论的发展状况。纽波特（Newbert，2008）通过实证方法研究了价值、稀有性、竞争优势与绩效之间的关系。特佐夫斯基（Terziovski，2010）基于资源基础理论研究了创新文化和战略对中小企业创新绩效的影响。国内方面，晏双生和章仁俊（2005）首次研究了企业资源基础理论和企业能力基础理论的关系，认为两者是既统一又对立的矛盾体，在努力获得优势的同时，又在各自领域逐渐细化、不断演进。马昀（2001）通过存量和流量的关系将芝加哥传统和哈佛传统两种思路结合在一起，为资源基础理论的进一步发展开发了新思路。黄培伦等（2009）首次阐述了组织能力、静态能力和动态能力，并认为动态能力是对静态能力的一种博弈，且因此提出了企业组织能力研究模型并探讨了有关动态能力的新的研究角度。杨春华（2008）归纳了资源基础理论，并评析了该理论对战略管理自身发展的价值。

对于初创型企业，其本身拥有的资源较少，而且从环境中获取资源的能力也不足。因此，根据资源基础理论，这些初创型企业难以将拥有的资源转换成能够为企业带来持续竞争力的独特能力，进而影响企业的创业成功率。众创空间作为创新创业的服务平台，拥有众多稀有的、有价值的且成本较低的独特资源，同时也拥有从外部环境中获取有价值资源的能力，即具有较强的资源整合能力。众创空间利用其资源优势和资源整合能力能够帮初创企业获取所需要的资源，帮助企业提升竞争力、提高创业的成功率。因此，资源基础理论为众创空间的产生提供了理论依据。

第四节　产业集聚理论

集聚指资源、要素和部分经济活动等在地理空间上的集中趋向与过程。由于经济活动的区位指向、经济要素之间的内在联系和集聚经济效应，其形成的集聚在演化中不断加深、加快，最终形成集聚机制，可以说，这一过程具有必然性。

产业集聚是一个普遍存在的经济地理现象，对于产业集聚的存在机制，不同理论也有不同的见解。新经济地理理论通过垄断竞争视角，展开了对经济活动空间集聚的分析，其认为规模报酬递增和运输成本作用机制的不断变化导致了经济空间集聚，最终导致产业规模扩大。而新经济增长理论则强调了人力、知识和技术的重要性，尤其是知识可共享、能外溢以及可扩散的属性带来了边际收益的递增。在新经济时代，技术溢出有助于区域经济增长，甚至被认为是促进经济不断发展的核心因素，而产业空间调整和区域协调发展则依赖于集聚的方向和知识的不断溢出扩散。

产业集聚是经济活动的典型地理特征。杜能（Thünen，1826）在农业区位的方面提出了自身见解，认为由于不同因素的权衡决策影响了农业产业的圈层模式和生产的类别，包括租金和交通费用，更简洁地体现为距离的差异。劳恩哈特（Launhardt，1882）则根据资源提供和商品卖出条件理论认为，交通运输成本问题是生产者选择工厂所在地的主要影响因素。霍特林（Hotelling，1929）以空间竞争模型为探究方向，研究了空间直线段上均匀分布的顾客对购买地的选择和生产者对商品销售地的布局问题。除此之外，韦伯（Weber，1929）认为，运维和工资决定成本最优的工业区位选择，产业集聚带来的是经济效益，这是基于人口和工业大规模集聚因素的研究得出的结论。还有克里斯塔勒（Christaller，1933），认为生产者权衡最终形成六边形市场。综上可知，早期有关产业集聚的理论，主要是从生产成本和运输成本角度来考虑产业分布格局的地理问题。

后期研究者不断加深研究，形成了众多空间地理分布模型，例如阿隆索（Alonso，1964）的“单中心城市模型”、亨德森（Henderson，1974）的最优城市体系模型以及迪克希特的 D－S 垄断竞争模型等。随后又有众多研究者在模型的基础上研究了模型形成的机理，马歇尔（Marshall，1920）论述了溢出效应理论，缪尔达（Myradal，1957）论述了循环积累因果，克鲁格曼构建了核心—外围模型（CP 模型）等，形成了众多理论模型。究其根本，这些研究都是从成本理论角度考虑问题。

第五节　效率评价理论

一、效率的概念

效率是经济学中的重要概念，对效率进行合理的评价有助于对生产活动进行管理和决策。对于效率的概念，多位学者有过深刻的见解。萨缪尔森（2014）在其著名的《经济学》著作中指出，“效率是指没有浪费”，即经济在某种物品不减少生产时，就不增加其他物品的生产，也就是说，运行效率达到有效需满足这一条件。马克思主义经济学认为对资源的有效利用能够提高经济效率，后发展为劳动时间的有效利用是资源有效利用的关键所在。为大众所熟知的著名经济学家帕累托提出了对效率的经典解读，即效率是对资源的有效配置。这个理念可进一步解释为，一旦存在某种资源配置是可行的，且比其他所有的初始配置要严格地更优，那么这种可行的配置就是资源配置最优的情况，这就是著名的帕累托最优理论。我国的专家学者对于效率也有相关定义。钱颖一（2017）认为效率可以简单地解释为没有浪费；厉以宁（1996）认为效率可以用一个数值来表示，代表着资源的配置结果。

以上是从宏观层面对于效率的经典理论研究，在微观层面，效率的定义更为贴合实际，即具体的一个组织或部门如何合理调配自身所拥有的组织资源和生产条件来得到最大产量或者最大利润，或者在产量固定时使用最低的生产成本。微观层面的效率理论对于指导组织的生产创造活动具有重要意义。

二、生产前沿面理论

在经济学中，生产理论中的生产函数能够衡量在特定的技术条件下，投入与产出的最佳关系。也可以理解为，当企业的生产要素和价格给定时，企业要找到最佳的投入要素组合以适应当前的经济规模，发挥充分的经营能力和技术水平进行生产，以达到最大产出。

实际情况中，由于企业的生产受到各种各样的其他因素影响，或多或少地会影响其产出结果，因此以往根据平均生产函数得到的反映平均水平的结果是不能够反映实际情况的。因而学者们展开了对于边界的生产函数研究，得到的结果边界即为生产前沿面，代表了在既定的技术水平下，生产可能集内有效生产点的集合。

（一）法雷尔效率理论

法雷尔（Farrell，1957）是著名的英国经济学家，其关于效率的研究打破了技术进步与传统的平均生产函数相关联的局面，并将技术进步与边界生产函数联系起来。他认为当经济主体的生产行为点分布在生产边界上而非生产函数的内部时，才能达到最佳的生产状态。这一理念体现了寻找最优的思想，更为贴近现实。

法雷尔通过实证分析最早提出了“法雷尔效率理论”用于描述企业效率，即将效率分解为技术效率和配置效率。技术效率指在投入数量一定时，组织通过所具备的技术能力获得的最大产出的水平；配置效率评价的是组织根据所具备的各类资源，筹划安排最合理的投入方案使得产出最大的能力。

（二）X效率理论

X效率理论是美国经济学家莱本斯坦（Leibenstein）在1996年提出的概念，其核心观点在于企业效率由企业对于内部资源的利用程度所决定。在X效率理论中，利润最大化或成本最小化的假定被推翻。该理论认为由于复杂的内部因素的干扰，企业即使在有利可图时，也未必会变革技术来实现利润最大化，即组织的实际成本与最小成本会存在差异。

X效率理论在将经济效率分解为技术效率和配置效率的基础上，进一步将技术效率分解为纯技术效率和规模效率，又将纯技术效率进一步分解为纯管理效率和环境变量及随机误差，认为这些将共同影响组织的经济效率。

三、投入产出效率理论

投入产出效率理论是对效率进行测算的一种基础理论，在该理论中，效率代表了投入与产出之间的相对关系：当投入一定时，经济主体实现最大产出的程度；当产出一定时，经济主体实现最小投入的程度。

基于投入产出效率理论，可以从两个角度来进行经济主体之间的效率评价。

第一，评价各经济主体的投入和产出比。不难理解，经济主体的投入与产出应是正相关的关系，即投入越多，产出越多。然而受到管理因素、环境因素和随机因素等的影响，经济主体最终实现的结果可能与投入时期望的结果并不一致。从相对角度来说，以投入产出比来衡量各经济主体的效率是一个可行的方案。

第二，评价拥有相同目标经济主体的效率值。在对多个经济主体进行评价时，横向评价是常用且合理的方式。这要求各经济主体的属性相近且目标一致。因此，当对多个经济主体进行评价时，基于投入产出效率理论，可依据经济主体共有的经济属性来选择投入和产出指标，使得效率的测算结果更为公平客观，各主体之间的效率结果更有可比性，效率评价更有针对性。

第六节　本章小结

本章主要对本书所涉及的相关概念和相关理论进行综述。一是用于分析众创空间模式的亚历山大商业模式理论；二是与创新创业相关的理论，包括创新理论、创业理论和创业生态理论；三是用于分析众创空间地理聚集的资源基础理论和产业聚集理论；四是与效率相关的理论，包括效率的概念、生产前沿面理论和投入产出效率理论。

第三章　我国众创空间学术研究发展状况

——基于文献计量分析

为给我国众创空间的科学研究提供参考，本章以 CNKI 数据库论文为数据样本，利用知识图谱分析软件 CiteSpace 对我国众创空间研究主题变化进行可视化分析，绘制了众创空间领域作者合作图谱、机构合作图谱、关键词共现图谱和关键词聚类图谱，并根据网络节点中心度分析了我国众创空间研究主题的变化状况，且针对相关结论，对众创空间的研究提出了一些建议。

第一节　相关研究

国内对众创空间的研究时间较短，关于众创空间的研究体系尚未构建。本章在国内现有的关于众创空间文献的基础上，利用文献计量这一方法，从研究机构、作者和关键词角度进行可视化分析，以便为国内众创空间的研究提供借鉴。

文献计量可视化的研究方法是在大数据背景下，对文献进行分析的重要方法之一。它基于文献计量学理论，利用可视化的技术对研究主题的发展历程和各主题之间的关系结构进行直观的、形象的呈现。近几年，很多学者都选择采用文献计量可视化的研究方法对自己感兴趣的研究领域进行系统分析，并已经得出了一些研究成果。

卫军朝和蔚海燕（2011）有效利用了 CiteSpace Ⅱ 这一共被引分析方法，对数字图书馆相关的论文进行了聚类，通过对该类文献的研究热点进行分类归纳，得到了数字图书馆领域研究的重点。张昭（2012）分析了 Web of Science 中以商务智能为主题的文献的时间和地域分布，借助 CiteSpace 软件绘制商务智能领域关键节点知识图谱，对关键节点文献进行共被引分析，通过 CiteSpace 关键词聚类和膨胀词探测技术，绘制出商务智能研究热点和前沿知识图谱，确定商务智能的热点研究领域和前沿发展趋势。秦晓楠等（2014）通过对 CSSCI 中 2000～2011 年 299 篇生态安全研究论文进行分析，采用文献共被引网络、关键词共现网络及突现词分析等方法，借助信息可视化手段，对国内生态安全研究现状进行了分析。韩增林等（2016）利用 CiteSpace 可视化文献分析工具对 1982～2013 年 CNKI 总库中文核心期刊以及 CSSCI 中文社会科学引文数据库中海洋经济研究的 3441 篇相关文献进行分析，绘制出研究热点、核心作者群及研究机构的知识结构图谱。

在众创空间领域进行文献计量研究的文献数量较少，视角各有不同。刘芹良和解学芳（2016）基于 CiteSpace 软件的共词词频和知识图谱可视化功能，系统地对国内外众创空间研究进展进行分析。通过对国内外研究的方向进行综合把控，提出对众创空间发展的理论建议。虞莘桐等（2017）发现国内关于“众创空间”的研究在时间、文献来源、研究机构等方面呈现出一定的特征。刘泽（2017）基于可视化软件 CiteSpace Ⅲ，分别对中国知网 CNKI 和 Web of Science 数据库近年来的与众创空间相关的文献进行分析，进而探索创新创业环境下的图书馆“众创空间”发展途径。

关于众创空间的研究热点随时间的变化与演进、哪些机构与学者做出了巨大的贡献以及学者之间的合作关系等问题，之前并没有学者用文献计量的方法进行过统计。本书借助信息可视化软件 CiteSpace 对众创空间领域的文献进行分析，从定量角度梳理众创空间领域的发展脉络、深入揭示众创空间的发展过程，有利于其他学者更好地把握众创空间的理论体系、发展形势和未来方向，并能在前人的基础上更好地展开对众创空间的理论和实践研究。

第二节　数据来源

一、数据来源

本书数据来自 CNKI 的“中国期刊全文数据库”，将检索条件中的主题设置为众创空间（模糊检索），数据库选择跨库检索，年限为 2010～2020 年，来源期刊不限，进行高级检索。由于 CNKI 检索的结果除包含期刊文献以外，还包括新闻、征稿通知等信息，因此需要在数据收集时进行筛选，剔除报道类文章，共获得文献 1835 篇，数据下载日期为 2020 年 5 月 21 日。

二、研究过程

将 CNKI 中选中的文献记录以 Refworks 格式导出，以 download * 为文件名进行保存。首先将其导入 CiteSpace 进行格式转换，得到包括标题、作者、机构、摘要、关键词、参考文献等信息，随后将其重新导入 CiteSpace，用以进行文献可视化分析，再根据可视化图谱整理出相关数据表格。

第三节　众创空间机构与作者分析

一、发文量变化状况

本书将 CNKI 的数据导入 CiteSpace 进行分析，根据 CiteSpace 的统计结果，这 1835 篇文献分别属于 347 位作者，来自 246 个不同机构，同时借助 CiteSpace 绘制出了发文量随时间的分布图（见图 3－1）。

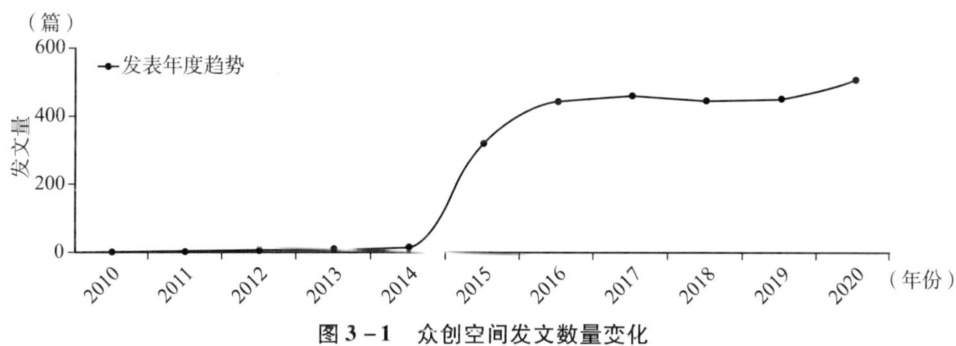

图 3－1　众创空间发文数量变化

从图 3－1 可以看出，近几年众创空间的发文量是存在波动的。第一篇关于众创空间的论文产生于 2015 年。这是由于 2015 年国务院办公厅发布了《国务院办公厅关于发展众创空间推进大众创新创业的指导意见》，这一文件指出众创空间包含市场化、专业化和资本化过程，在参与度、盈利方式和运营过程方面都与传统孵化器有很大不同，因此众创空间具有较低成本参与、要素全面、开放性等特点，是与“互联网＋”创新创业需求相契合的新式服务平台。后来有更多的学者开始关注众创空间，这可能是

2015 年之后文献数量迅速增加的原因。文献数量的持续增加说明众创空间已经得到了学者们的普遍关注。

二、发文机构分析

首先将 CNKI 的数据导入 CiteSpace 中，时间区间设定为 2012～2020 年，因为我们选取的年份较少，因此时间切点（year per slice）设定为 1，节点种类（node types）选择机构（institute），其余为默认，进行分析得到国内的发文机构合作网络图（见图 3－2）。图中的节点表示不同的机构，连线表示机构之间是否有合作，节点半径的大小表示该机构的发文数量。

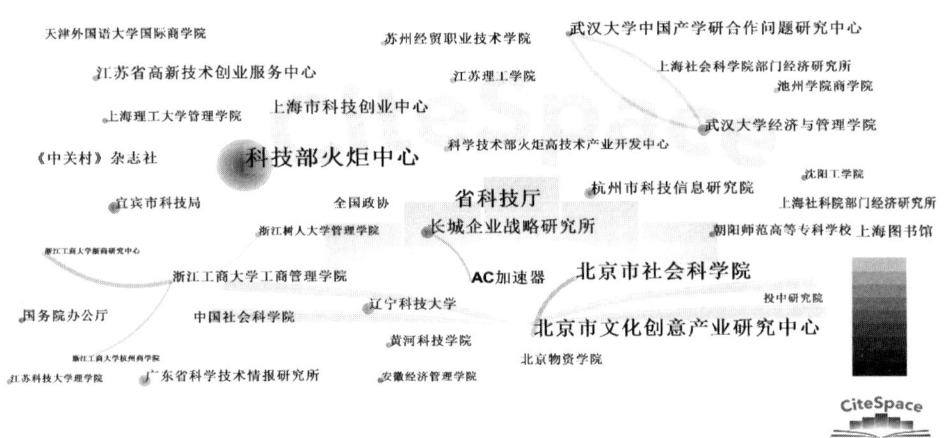

图 3－2　机构共现图谱

由图 3－2 和图 3－3 的统计结果可知，在众创空间的研究领域内，发文数量最多的机构是科技部火炬中心，其次是北京市科学技术委员会。发文数量最多的大学是武汉大学，共 9 篇。从图 3－2 中也可以看出，在众创空间这一研究领域，各研究机构并没有形成密集的研究网络。以浙江工商大学工商管理学院为中心，形成了一个小型省内网络；北京市社会科学院与北京市文化创意产业研究中心、武汉大学经济与管理学院与武汉大学中国产学研研究中心、复旦大学与无锡环境科学与工程研究中心、长城企业战略研究所与 AC 加速器之间都形成了二元合作关系，其余机构之间的合作联系比较少。

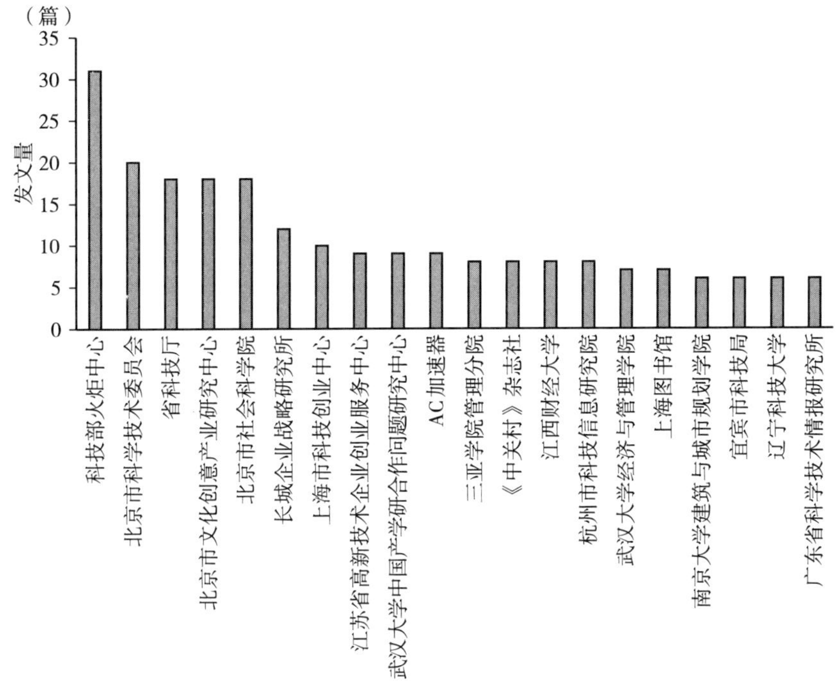

图3－3　机构频数直方图

三、发文作者分析

将节点种类（node types）选择作者（author），其余为默认，开始进行分析得到国内的作者合作网络图（见图3－4）。图中的节点表示不同的作者，连线表示作者之间是否有合作，节点半径的大小表示该作者的发文数量。

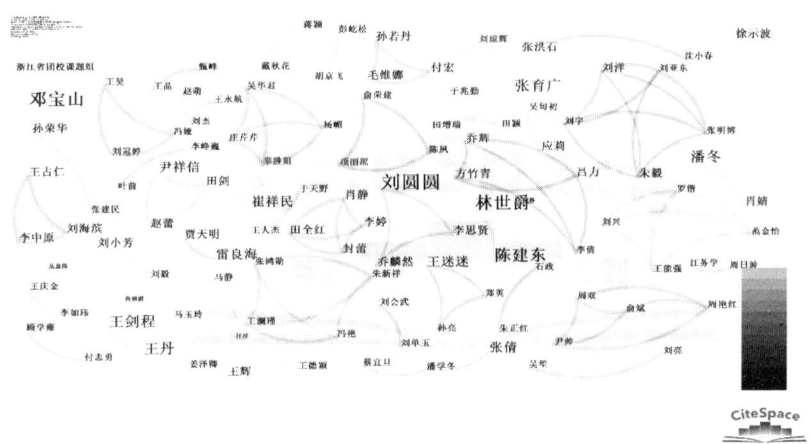

图3－4　作者共现图谱

由图3－4和图3－5的统计结果可知，在众创空间领域中，众学者之间形成了多个小型网络，但没有形成全连接网络。撰写文献数量最多的作者是武汉大学的李燕萍，总共有8篇。其研究重点在于对众创空间的相关理论研究、众创空间创新生态系统、总结和分析众创空间的演化过程，在全面评述已有研究的基础上提出了众创空间的未来研究框架。排名比较靠前的作者是刘圆圆、陈武和王德禄等，但这些作者之间的合作也很匮乏，说明国内学者的合作程度较低，研究方向和研究视角都不尽相同。

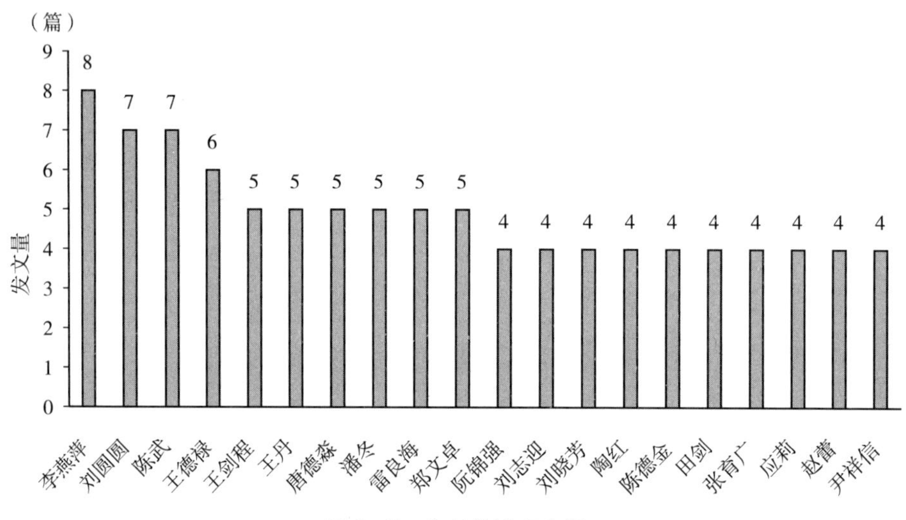

图3－5　作者统计直方图

第四节　关键词共现分析

关键词是文章内容的提炼和升华，也是我们研究一个领域的研究主体的主要切入点。通过关键词的共现分析，我们能够得到众创空间领域的研究方向与研究热点，关键词出现的频次越高，与之相关主题的研究热度就越高（李迎迎，2016）。

除了关键词出现的频次之外，节点的中心性（centrality）排序也是衡量研究热点与研究方向的主要方式。中心性是测度网络中节点控制力的重要指标（陈悦，2014），通过节点的中心性，可以直观地反映可视化图谱中重要的关键词节点，以及关键词之间的关系。与出现频次相似，关键词的中心性越高，与之相关主题的研究热度也就越高。

一、关键词共现分析

在 CiteSpace 界面中，时间区间选择 2012 ~ 2020 年，时间切点（year per slice）设定为1，节点类型（node types）选择“Keywords”，其余保持为默认值，运行后得到国内文献关键词共现图（见图3－6）和关键词根据贡献频次和中心性排名后的表格（见表3－1）。

表3－1　众创空间领域中高频词和高中心度关键词（前10位）

排名	频次排序		排名	中心度排序	
	关键词	共现频次		关键词	节点中心性
1	众创空间	1155	1	创新创业	0.32
2	创新创业	242	2	众创空间	0.23
3	孵化器	152	3	孵化器	0.16
4	创客空间	103	4	创客空间	0.12
5	创客	103	5	创客	0.09
6	创业者	95	6	创新创业教育	0.09
7	孵化设备	82	7	创业者	0.08
8	创新	79	8	科技企业孵化器	0.08
9	大众创业	69	9	高校	0.07
10	高校	61	10	创业团队	0.07

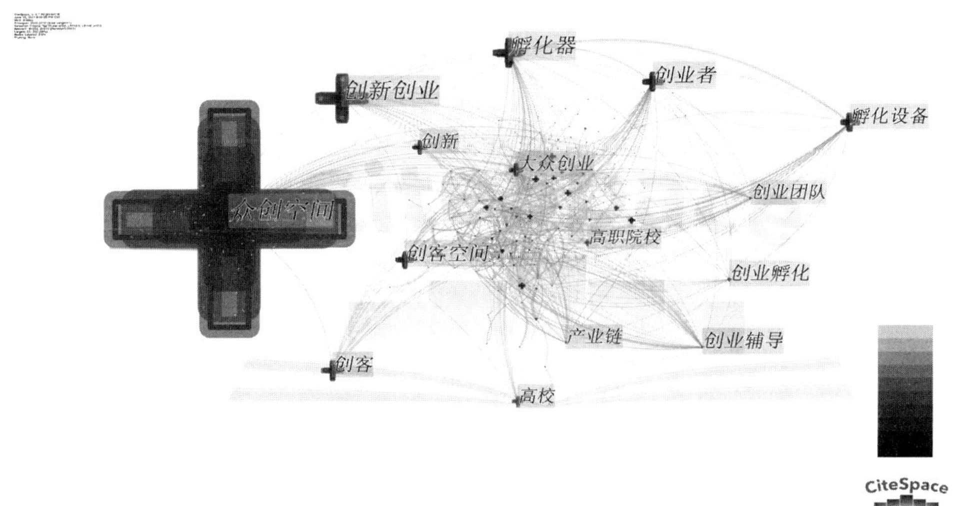

图3－6　众创空间关键词共现

在图3－6中，节点代表众创空间领域文献的关键词，十字形节点的不同层次代表了该节点的贡献频次，节点的大小代表了关键词共现的频率，节点的颜色代表了该关键词发生共现的年份，节点最外层颜色的深浅可以显示关键词共现的中心性（袁红和许秀玲，2012）。由图3－6和表3－1可知，“众创空间”“创新创业”“孵化器”“创客空间”“创客”等关键词共现的频次较高。而中心性排名比较靠前的关键词与频次相同，只是“创新创业”的中心性要高于“众创空间”的中心性。综合上述分析，从宏观范畴可以推测，在众创空间的研究领域中，“创新创业”“创客”“创业者”是主要的热点主题。

二、关键词聚类分析

本书使用TF＊IDF加权算法对CNKI数据的关键词进行聚类，共生成7个类，得到众创空间关键词聚类图（见图3－7）和关键词聚类表（见表3－2）。

表3－2 众创空间关键词聚类

聚类编号	聚类规模	聚类效率	年份	关键词
0	65	0.693	2017	众创空间；创客空间；创客运动
1	37	0.865	2016	孵化设备；企业管理；创业大赛
2	27	0.812	2015	创新创业；财政管理；创业服务
3	21	0.781	2017	创新创业；大众创业；创客空间
4	10	0.833	2015	创新创业；孵化设备；共享空间
5	10	0.951	2018	众创空间；创业孵化；创业投资
6	8	0.583	2016	众创空间；创新创业；天使投资
7	6	0.989	2019	网上技术市场；中小微企业；科技支持
8	4	0.997	2017	运营模式；盈利模式；分享要素
9	3	0.974	2015	大众创业；创客空间；创业孵化期

在表3－2中，当聚类效率>0.7时，聚类是高效率的，当聚类效率>0.5时，聚类是一般合理。本次聚类得到类团的都是高效率的聚类。由图3－7和表3－2可知，通过关键词聚类，众创空间的研究可以划分为10类。

聚类编号为0的聚类（#众创空间）是规模最大的聚类（聚类规模＝65），但不是聚类效率最高的类团，此聚类中的关键词平均年份为2017年，主要是关于创客空间和创客运动的研究。聚类编号为8的聚类是聚类效率最高的类团（聚类效率＝0.997），此聚类中的关键词平均年份为2017年。

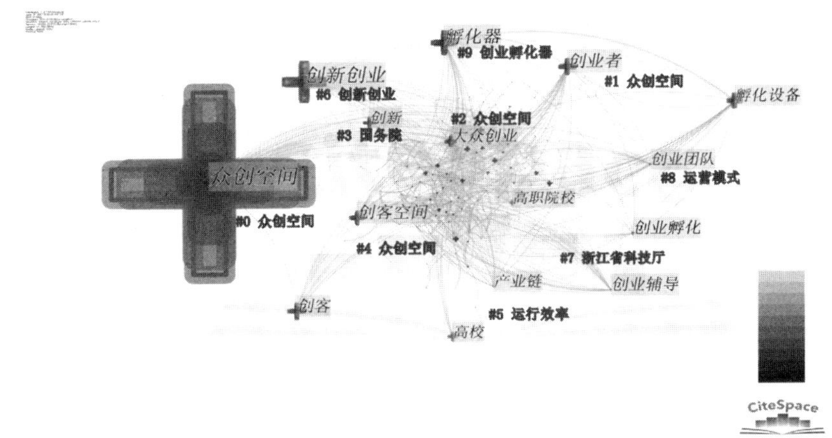

图 3-7 众创空间关键词聚类

第五节 本 章 小 结

自 2015 年以来，众创空间取得了飞速发展，与众创空间的丰富实践相比，关于众创空间的相关理论研究显得比较单薄，关于众创空间的定义、内涵以及特征等概念，仍然没有形成一套系统的理论研究体系。本书利用 CiteSpace 软件，通过关键词共现图谱以及关键词的中心性，阐释了众创空间的学术研究发展现状。本书的数据来源、分析方法和结果分析都对众创空间的研究有一定的借鉴意义。但由于本书只是对目前众创空间的研究热点进行了梳理和探索，还有一些方面需要进一步提升。

首先，是对众创空间的评价机制，对于不同机构的性能与效率并没有一套统一的评价机制，从而会影响创业者的选择。政府在此方面应该发挥带头作用。

其次，众创空间作为中国化的创客空间，很多运营模型都是直接借鉴国外的相关经验，缺少自己独特的众创文化，不利于众创空间的独立发展。学术界可以从文化角度对众创空间的发展演化进行推动。

最后，在目前现有的研究中，关于创业者的教育问题多是基于学校、机构或组织角度来研究探讨如何通过众创空间为创业者提供更好的创新教育，却没有从创业者自身的角度考虑创业者自身的知识积累等因素如何推动众创空间对创业者的创新教育。通过我国各地众创空间的相关实践证明，优秀创业人才的创新意识与众创空间的发展是相辅相成的，如果要进一步促进我国众创空间的跨越式发展，对于创新创业人才的培养尤为重要。

第四章　我国众创空间产业发展状况和商业模式分析

众创空间作为新兴事物，其运营模式亟须探讨，关于其商业模式的研究学术界并未形成一致的意见。本章基于2017~2019年的《中国火炬统计年鉴》的数据，从数量、创业团队和投资角度分析了众创空间的产业现状，并在总结众创空间现有类型的基础上分析各种类型众创空间的商业模式。

第一节　相关研究

蒂默斯（Timmers）在1999年首先对商业模式这一概念进行了定义，但目前关于这一概念，学术界并没有统一的定义。许多学者基于不同的视角，对商业模式的含义进行了解释。

首先是从盈利模式理论的角度。蒂斯（Teece，2009）认为，商业模式是组织获取利润的方式，企业通过商业模式向顾客传递价值，引导双方完成交易，从而获取利润。王波和彭亚利（2007）对战略性商业模式进行了定义，认为它是指一个企业如何在动态的环境中不断调整自身来实现持续盈利的目的。巴列里等（Baglieri et al.，2018）同样认为商业模式是获取利润的方式，企业通过对商业模式的优化和升级来为顾客创造更多的价值，从而获得超额利润。

其次是价值创造理论的角度。阿密特等（Amit et al.，2001）认为商业模式是组织为了进行价值实现而对不同交易活动进行的灵活组合，主要内容有交易的内容、交易的治理和交易的结构。奥弗尔（Afuah，2002）把商业模式看作企业运营所遵循的秩序，企业根据商业模式进行资源整合配置，进而为客户创造更多的价值。

再次是系统构造理论的角度。马哈德万（Mahadevan，2000）认为商业模式是价值流、收益流和物流的混合形式。罗珉和曾涛（2005）指出商业模式是组织在明确资源、自身能力和外部环境条件的基础上，通过将供应链伙伴、雇员、消费者、股东或利益相关者与组织自身相整合，来获取利润的一种制度安排集合。

最后是战略定位理论。迈尔斯和波特（Miles and Potter，2014）认为商业模式的核心是对种类、需求、接触途径的三种定位。麦森和查卡巴提（Mason and Chakrabarti，2017）提出了包含商业模式三个核心要素的基础架构，三个要素分别是技术、市场和网络。林德和坎特雷尔（Linder and Cantrell，2002）提出商业模式主要包括必需要素、运营过程和变革三个方面。

但是众学者对于商业模式的目的的看法是相一致的，商业模式的最终目标就是为了实现价值创造和超额利润。陈锡林（2018）认为，商业模式包括业务模式、运营模式和盈利模式，其中业务模式用于价值创造，运营模式用于资源整合，盈利模式用于获取超额利润。

第二节　我国众创空间产业状况分析

自2015年《国务院办公厅关于发展众创空间推进大众创新创业的指导意见》发布以来，我国众创空间有了明显的发展和进步，为我国加快实施创新驱动发展战略、适应和引领经济发展新常态带来了生机和活力。为进一步推动我国众创空间的发展，现对我国众创空间的发展情况展开统计研究。

一、我国众创空间数量情况

根据2017~2019年《中国火炬统计年鉴》的数据①②③，如图4-1所示，截至2018年底，我国已经有6959家众创空间，与2016年底相比，增加了2661家，涨势明显。

从区域发展来看，我国各区域众创空间的数量在2016~2018年均呈逐年增长趋势，其中我国东部地区众创空间的数量远高于其他区域，东北地区增速较为缓慢。

① 科学技术部火炬高技术产业开发中心：《中国火炬统计年鉴》，中国统计出版社2017年版。
② 科学技术部火炬高技术产业开发中心：《中国火炬统计年鉴》，中国统计出版社2018年版。
③ 科学技术部火炬高技术产业开发中心：《中国火炬统计年鉴》，中国统计出版社2019年版。

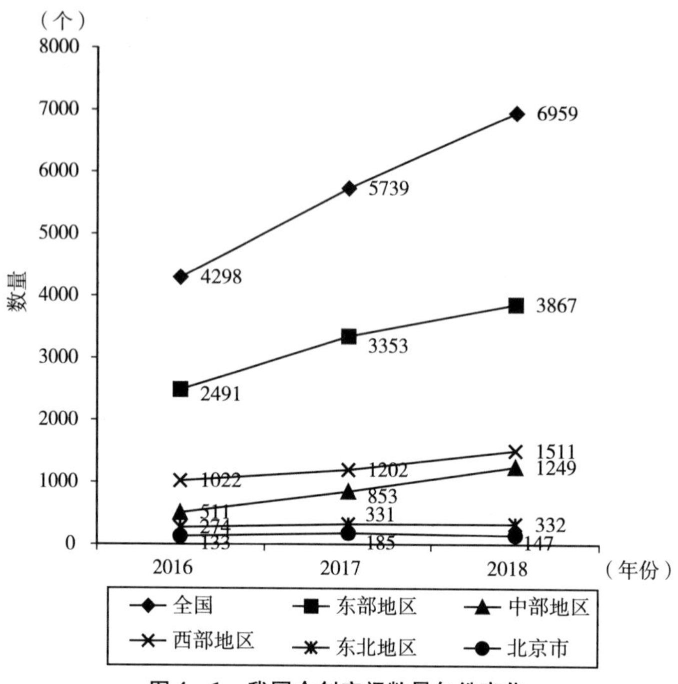

图 4-1　我国众创空间数量年份变化

北京市位于我国东部地区，是京津冀地区众创空间的高密度中心，在地区众创空间的发展中起到核心引领作用。依托优质的创业资源、人才资源、基础设施资源等，其众创空间在 2017 年得到迅速发展，但在 2018 年数量略有下降，呈现汰弱留强的趋势。

二、我国众创空间创业团队情况

根据 2017～2019 年的《中国火炬统计年鉴》的数据，本节将全国众创空间的创业团队情况进行整理和归纳，发现 2016～2018 年众创空间的创业团队发展情况有以下特征：

（一）创业人数增速快

如图 4-2 所示，2018 年底我国众创空间的创业团队人员数量达 839896 人，约是 2016 年底众创空间创业团队人员数量的 6.6 倍，这说明众创空间对于推动我国大众创新创业具有突出作用，为创业人员提供了可靠的创业场所和服务，增强了大众人员创业的信心，吸引了更多的创业人员加入。

在 2016～2018 年，我国各区域间众创空间的发展状况不一。如图 4-2 所示，各区域众创空间的创业团队人数均有较大增长。其中，中部地区涨势最为明显，

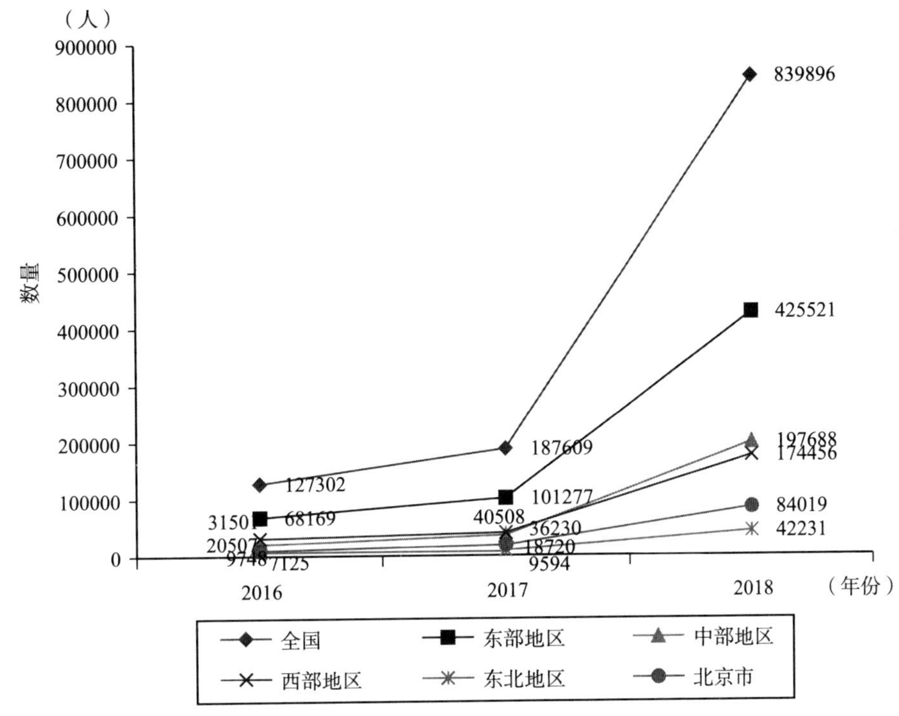

图 4－2　我国众创空间创业团队人员数量年份变化

2018 年底众创空间的创业团队人数约是 2016 年底的 9.6 倍。

北京市作为我国重要的人才集聚中心，其众创空间中创业团队的人员数量呈逐年上升趋势，并未受到众创空间数量下降的影响，这体现出北京市众创空间的整体质量在不断提高，单个众创空间能够服务更多的创业人员。

（二）创业人员趋于成熟

在我国，众创空间的创业团队人员构成主要包括应届大学生、科学技术人员、留学归国创业人员等。在我国众创空间团队人员中应届大学毕业生数量占比统计中（见图 4－3）不难发现，全国众创空间发展至 2018 年底，应届大学毕业生数量占比有所下降，仅约为 18%，各区域的占比情况也是如此，均有明显下降。这说明我国各区域众创空间的创业人员趋于成熟，所积累的创业资源和经验更为丰富，这也有助于进一步提升创业的成功率。

值得注意的是，北京市的众创空间人员构成中，应届大学毕业生占比情况在各年份均低于全国水平，这说明北京市众创空间的创业团队较为理性。

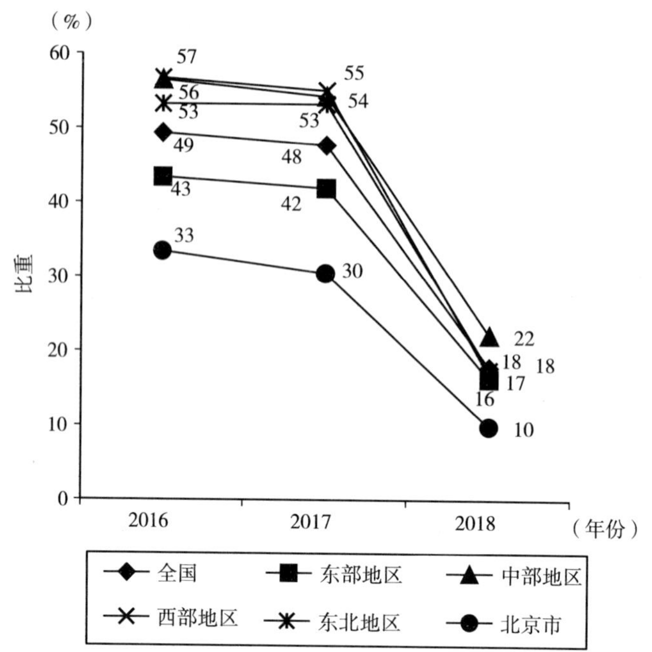

图 4-3 我国众创空间创业团队人员中应届大学毕业生比重年份变化

三、我国众创空间投资情况

对于众创空间的发展而言，资金投入是推动其发展的重要燃料，主要包括政府资金投入及投融资机构的投入。下面依据《中国火炬统计年鉴》的相关统计数据展开具体分析。

（一）众创空间享受财政资金支持情况

政府是众创空间发展的重要推手，给予了众创空间多方面的支持，其中财政资金支持最为直接。我国众创空间享受财政资金支持额年份变化如图 4-4 所示。2016～2018 年，我国众创空间享受的财政资金支持额总量在不断上升，这与众创空间数量的上升不无关系，用支持总额除以众创空间数量得到了我国单个众创空间享受财政资金支持额年份变化情况（见图 4-5），可以发现我国对于单个众创空间的财政资金支持额呈现下降趋势，这说明政府已经逐渐鼓励投融资市场对于众创空间的资金支持，减少了对于众创空间的纯资金投入。

同时，从图 4-5 中不难发现，北京市政府对于单个众创空间的财政资金支持处于最高水平，东北地区则处于最低水平，但在 2018 年已经有所好转，因此该地区需要进一步加强对众创空间的资金扶持。

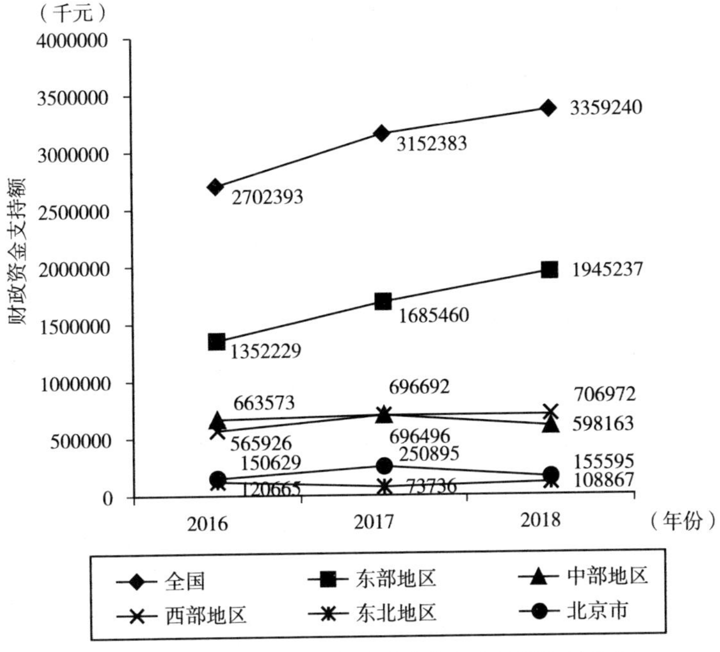

图 4－4　我国众创空间享受财政资金支持额年份变化

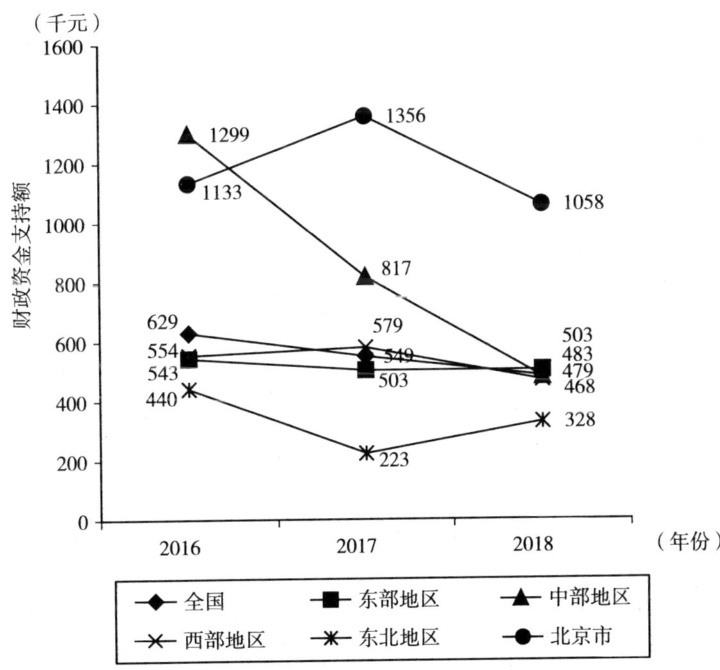

图 4－5　我国单个众创空间享受财政资金支持额年份变化

（二）众创空间内部获得投融资情况

投融资机构对于众创空间的创业团队及企业而言是重要的创业资金来源。本书根据2017～2019年《中国火炬统计年鉴》的数据绘制了我国众创空间团队及企业各年获得投资总额的变化情况（见图4－6）和我国众创空间获得投融资的团队及企业数量变化情况（见图4－7），不难发现众创空间内部的团队及企业各年获得的投资总额是逐年上升的，获得投融资的团队及企业数量也逐年上升。东部地区众创空间获得的投融资数额整体水平较高，企业数量也较多，其中北京作为我国重要的金融中心，在众创空间获得投融资总量的排名中居于前列。

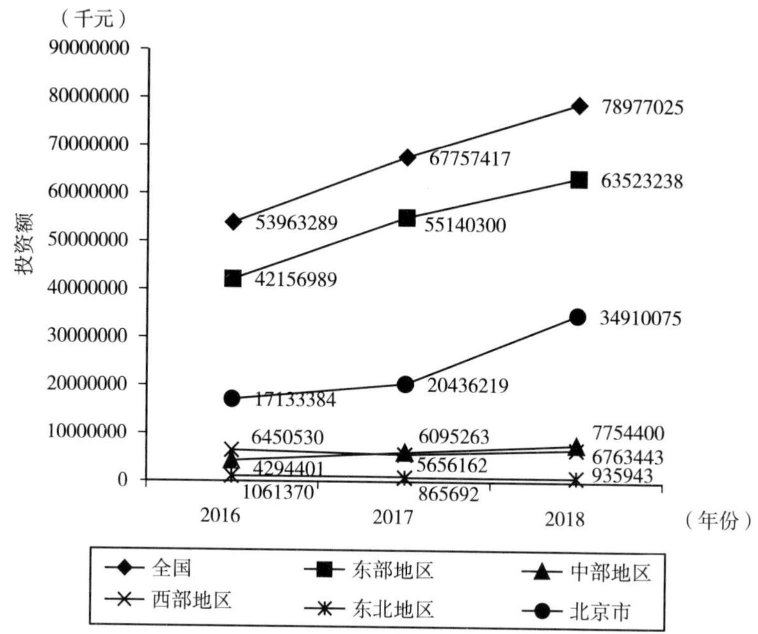

图4－6　我国众创空间团队及企业各年获得投资总额变化

用我国众创空间获得投资总额除以获得投融资的团队及企业数量，得到单个团队及企业获得的投资数额年份变化（见图4－8），不难发现其数额也在不断上升，这说明投融资机构对于众创空间的融资支持力度越来越大，与政府资金支持的关系趋于平衡。

单个团队及企业获得投资数额年份变化（见图4－8），其中表现最为突出的是北京市众创空间的投融资建设发展，其水平远超各区域发展水平，再次凸显其金融发展中心的地位。

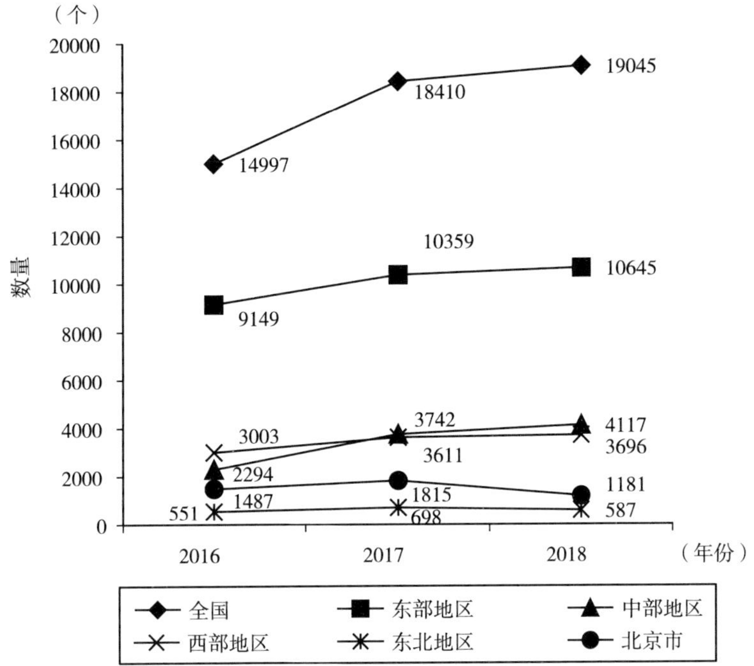

图4－7　我国众创空间获得投融资的团队及企业数量变化

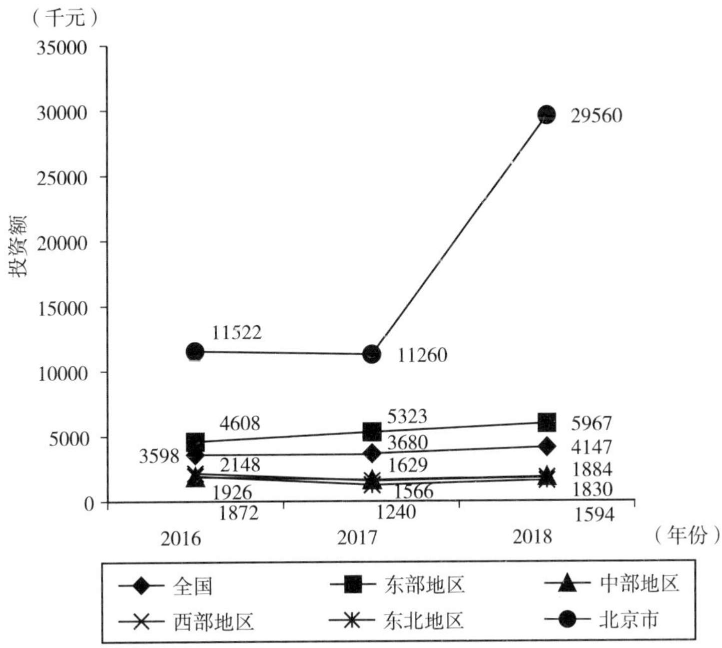

图4－8　单个团队及企业获得投资额年份变化

第三节　众创空间的商业模式分析

关于众创的商业模式还在探讨中，比较主流的模式是线下孵化和线上众包的O2O模式。刘志迎（2015）提出一种“社区—研发—市场”（Community - Development - Market，CDM）创客空间概念模型，并简要分析了CDM模型的工作机制。池丽华、魏拴成（2011）指出目前在线众包的商业模式主要有四种：集体智慧模式、用户生成内容的大众创造模式、大众投票模式、小额贷款集资模式。钟耕深和朱雅杰（2010）将在线众包商业模式分为大众参与内容创造的维基模式和对传统商品、服务重新架构的价值链模式，并通过案例分析法说明众包在价值链、人工智能、闲置资源及社区信息模块均可不断进行优化完善。郎宇洁（2012）指出目前国内众包应用分为四种模式：垂直性专业细分服务模式、综合性现金悬赏模式、知识出售模式、多媒体信息交流有偿服务模式。王佑镁（2015）梳理了国外创客空间1.0时代到2.0时代的发展过程，基于创客空间的发展特征，分析了国内众创空间的内涵，指出众创空间是创业升级的推动力。

投中研究院（2015）和武丽娜（2016）从业务模式和形态角度，对目前众创空间的类型和模式进行了划分，认为众创空间目前主要存在以下几种形式：活动聚合型、培训辅导型、媒体驱动型、投资驱动型、地产思维型、产业链服务型和综合创业生态系统。王兆丰和侯立丽（2016）认为众创空间可划分为产业链模式、互动交流模式、培训开发型模式、O2O型模式和人才培养孵化模式。贾天明等（2017）总结了现有学者关于众创空间类型和模式的研究，并区分了众创空间和传统孵化器的特点。陈德金（2017）首先梳理了国外创客空间的发展过程，通过借鉴国外创客空间的发展模式并结合国内众创空间的运营模式，给众创空间的发展提出了一些经验启示。众创模式的创新型孵化器形成了平台型企业孵化器、创业咖啡、创业社区等孵化形态，清科集团下属的清科研究中心将创新型孵化器分成了企业主导型、“天使+孵化”型、开放空间型、媒体平台型、产业驱动型和新型地产型六种模式。众创和众创空间是产业实践的产物，目前产业界已经诞生了一些创新空间平台，如国外的Hackspace、TechShop、Fab Lab、Makerspace，国内的北京创客空间、上海新车间、深圳柴火空间、杭州洋葱胶囊等。

黄欢（2018）认为国内市场上现有的众创空间模式主要可分为六种类型，分别是企业平台型、天使+孵化型、开放空间型、媒体依托型、垂直产业型和高校合作型，如表4－1所示。不同类型的模式特点、孵化特色各有侧重，也各自对应着一批典型的代表，它们共同组成了专业化、市场化、网络化、集成化的众创空间。

表4－1　众创空间主要商业模式类别

模式	模式特点	典型众创空间
企业平台型	大企业资源支持＋内/外部孵化结合	微软创投加速器
“天使＋孵化”型	导师＋基金＋场地	Innovation Works、光谷创业咖啡
开放空间型	活动丰富，门槛较低	W孵化器
媒体依托型	媒体支撑孵化器	创业邦、氪空间
垂直产业型	产业导向型	北京云基地
高校合作型	高校与众创空间相合作	清华x－lab

众创空间模式众多，侧重各有不同，运营方式也不尽相同。针对各具特长的众创空间，不同类型的企业可以有选择地入驻来获得价值增值服务和创业辅助。

一、企业平台型众创空间

企业平台型众创空间是指那些发展规模较大的公司，凭借自身的平台影响力和雄厚的资本基础以及丰富的发展经验而创建的众创空间。企业基于其自有的资源，通过技术扶持、资源支持等方式，为创业者提供高效便捷的创新创业服务；其作为平台，可以整合行业资源，同时可以作为创业者去征集项目的信用保证。这种类型的众创空间发展模式，部分继承了孵化器的模式，企业通过众创空间进行创新创业活动，并为这些活动提供支持，最终将众创空间的创新产出纳入企业的生产过程中。在这种模式下，企业作为主体，众创空间可以作为一种理念，进而形成一个高科技产业园区。

企业平台型众创空间的主导者通常为大型企业，它们并不追求创业初期的利润，而是会鼓励创业者在其现有基础上实现技术的突破与创新。此外，企业可以借助众创空间，依靠创新项目拓展市场，同时还可以获取更多的用户流量，进而扩大企业市场的占有率。企业通过多种途径为众创空间内的创业者提供技术支持，例如，搭建开放性技术共享平台；为创业者提供创新创业培训；通过经验分享为创业者降低风险；通过资源共享，实现企业与众创空间的优势互补。企业平台型众创空间看重的是创新基因在企业内部的延续，在内部孵化出一些项目，从而形成平台带动项目，项目促进平台发展的良性循环。

二、“天使+孵化”型众创空间

“天使+孵化”型众创空间是效仿发达国家的孵化器而产生的一种模式。“天使+孵化”型众创空间是投资驱动型众创空间和培训辅导型众创空间的结合。这类众创空间通常以各大创投机构或者高校为主导，会给创业者引进具有丰富经验的行业或创业经验人士作为导师，给创业者传授一些营销管理、产品设计等经验，这不仅可以为创业者扫平创业障碍、降低创业风险，还可以提升初创企业投资的成功率，让众创空间、创业者和投资人实现共赢。这类孵化器在进行项目选择的时候，通常会选择那些创新生产或创新服务的项目，对于发展前景较好的项目还会进行天使投资，在创业者创业成功后，“天使+孵化”型众创空间会退出后续的融资，最终实现股权溢价。

“天使+孵化”型众创空间对项目选择的要求比较严格，创业者入驻成功后，众创空间会立即为创业者配备投资人导师，并定期进行创业培训，传授企业运营知识，创业导师同时也是创业者潜在的投资人或者未来的收购者。为创业者提供天使投资是这类众创空间的一大特点，它们并不追求创业前期的盈利，而是在创业者创业成功后伺机退出，通过股权溢价实现自身盈利。但偶尔也会出现众创空间一直伴随项目至IPO的情况，当然这仅限于比较优质的项目。

三、开放空间型众创空间

开放空间型众创空间越来越被转型中的房地产企业所关注，它们通过搭建平台做运营商，在盘活自己和租赁市场上的房产存量的同时，为创业者提供联合办公空间。开放型众创空间是现在比较常见的一种类型，主要为创业者提供基础的办公活动空间，同时共享一些办公设备，收取一些低廉的租金以盈利。与传统的服务式办公室不同，这种模式鼓励创业者在开放空间下实现尽可能多的交流沟通。此类型的众创空间也会定期邀请一些创业导师来举办创业沙龙或讲座，定期为创业者答疑解惑。开放空间型众创空间虽然不直接为创业者提供创业投资基金，但是会与创投机构保持较为密切的合作关系，部分众创空间会邀请创投机构在内长期驻场，以缩减创业者寻求融资的时间，提高融资效率。此外，开放空间型众创空间还会为创业者提供丰富的附加活动，包括如办公用品、网络、饮食、休闲放松等在内的基础业务，还包括安保、保险、法律、政策解读、营销培训等高级服务，从而帮助创业者免受杂事的干扰，专心进行创业。

开放空间型众创空间所依赖的核心资源就是房产，它们以提供办公空间为主要的服务项目，同时意味着需要丰厚的房产资源作为支撑。因此，这类发展模式适用于对房地产行业较为熟悉且具有较大面积的地产可供支配的房地产企业。开放空间型众创空间具备打造创业生态圈的地理条件，有助于创业者之间形成活跃的交流氛围。另外，这类众创空间一般会避免相似的创业项目的入驻，以免形成同行的恶性竞争。

四、媒体依托型众创空间

媒体依托型众创空间是指大型媒介平台依靠自己的影响力，为创业者提供大力的宣传，同时凭借自身对创业环境的了解以及对初创企业的长期跟踪报道，利用累计的经验为创业者提供扶持与帮助。这类众创空间不仅可以为创业者提供一手的行业前沿资讯，还可以通过媒体平台为创业者和创业项目在极短的时间内造势，吸引广大用户的眼球。同时，媒体平台还可以与各投资机构相合作，最终形成一种从线上到线下、从约谈到融资的模式。

媒体依托型众创空间立足于创业者对自身创业项目的宣传需求，以自身的影响力为资本，充分发挥自身的推广作用。这类众创空间凭借自身多年对初创企业跟踪报道的经验，擅长对优质项目的筛选。这些经验不仅可以帮助众创空间在项目筛选时能够大概率选择优质项目，并且可以在后续的扶持过程中辅助创业者规划出可行的未来发展路线，从而提高创业者创业成功的概率。媒体平台可以为众创空间提供长期的资金支持，减少了众创空间的盈利压力，使其更专注于对创业者的创业帮助。

五、垂直产业型众创空间

垂直产业型众创空间是指针对某一特定产业的创业者进行创业扶持的一种众创空间。这类众创空间对该产业有较深的了解，可以向创业者提供先进的产业技术及资金支持，帮助创业者将创业项目落地，从而推动该产业的发展。创业者成功入驻垂直产业型众创空间后，可以享受各种服务，以专业的产业服务为主，同时还有行业社交网络、专业技术服务平台和产业资源支持等。垂直产业型众创空间一般由政府或者产业协会为主导，针对特定行业的创业者，依靠自身庞大的人脉资源和行业资源，不仅会为创业者提供基础服务，还会提供一些额外的增值服务。这类众创空间的地方性特色比较强，能够带动地方有政府倾向性的产业的稳定发展。

垂直产业型众创空间的特点是“基金 + 基地”，是所有众创空间中比较重资产的模式。这种模式提供了先进的技术平台，也需要依托特定的产业。这类众创空间在政府的引导下与专业的投资机构合作，可以帮助政府实现资金收益，也会给产业带来质的飞跃。因此，我国正在大力发展垂直产业型众创空间。

六、高校合作型众创空间

高校合作型众创空间充分利用高校的教育资源，将理论与实际相结合，主要服务对象是高校大学生创业者和创业团队，形成了以培训辅导为主的创业平台。高校资源与平台培育了一批批优秀人才，但是大部分应用型高校的实践型人才培养还停留在理论阶段，以至于高校人才和社会需求之间存在脱节。高校合作型众创空间，可以促使高校在办学理念、教育方式等方面进行调整改革，从根本上调整高校的教育体系。应用型高校集合了众多的理论知识与创新成果，还有自身独有的优势，如技术、产品、服务等。这类众创空间促进高校不断转型发展，提升了高校人才的竞争力。

高校合作型众创空间充分结合了高校的教育模式与大学生创业团队的特点。在理论方面，它们经常会开展一些创业讲座、公开课和创业沙龙等，邀请创业导师为大学生分享创业成功的经验；在实践方面，这类众创空间会举办各类具有创业特点的主题活动，鼓励大学生将理论应用到自己的创业项目中，实现了理论与实践的完美融合。

高校合作型众创空间的核心资源是高校和科研院所，包括创业人才（大学生）、创业场所以及实验室等。这类众创空间主要由国内较为出名的高校和科研院所来举办。

基于亚历山大的商业模式理论，本书从目标客户、价值内涵、传送渠道、客户关系、收入流、关键资源、关键活动、关键伙伴和成本结构九个维度，对上述的六种众创空间模式进行分析。结果如表 4 – 2 所示。

表 4 – 2　　基于亚历山大的商业模式理论的分析

模式	企业平台型	“天使 + 孵化”型	开放空间型	媒体依托型	垂直产业型	高校合作型
目标客户	有一定积累的创业团队	初创团队	普通创业者	对宣传渠道有需求的创业者	某一细分行业创业者	大学毕业生

续表

模式	企业平台型	"天使+孵化"型	开放空间型	媒体依托型	垂直产业型	高校合作型
价值内涵	大型企业，不追求初期利润	可以辅导初创团队进入正常路径	房产优势	宣传流量	对具体某一垂直领域的深入了解	高校科研成果资源
传送渠道	高科技产业园区	投资+辅导	提供联合办公场地	提供媒体资源	提供垂直行业资源	理论知识和创新成果
客户关系	帮助创业团队孵化项目	帮助初创团队项目走向成熟	通过低租金帮助创业团队	通过对创业者宣传引流	通过自身对行业的强大理解和资源优势帮助创业者	通过高校的强大理论成果指导创业
收入流	借助众创空间，拓展市场，扩大市场占有率	投资性收益	租金	租金、投资回报	租金、投资回报	租金、投资回报
关键资源	大企业平台、资源共享	天使基金和创业导师	房产	媒体资源	行业资源	深厚的理论知识和创新成果
关键活动	孵化项目，互相带动	天使投资和培训辅导	办公室、创业沙龙	媒体引流	行业技术辅导	科研成果转化
关键伙伴	大企业市场、创业导师	天使基金、创业导师	房地产企业	媒体平台	行业垂直资源	高校实验室
成本结构	场地成本、运营成本	天使基金风险、运营成本	房产租赁成本、运营成本	媒体渠道成本、运营成本	专家咨询、运营成本	创业场所、运营成本

第四节 本章小结

本章基于 2017～2019 年的《中国火炬统计年鉴》的数据，从众创空间数量、众创空间创业团队和众创空间投资角度对众创空间的产业状况进行统计分析。在数量方面，我国各区域众创空间的数量在 2016～2018 年均呈逐年增长趋势，其中我国东部地区众创空间的数量远高于其他区域，东北地区增速较为缓慢。在创业团队方面，我国众创空间具有创业人数增速快、创业人员趋于成熟的特征。在投资方面，在 2016 ~ 2018 年，我国众创空间享受的财政资金支持额总量在不断上升，同时我国对于单个众创空间的财政资金支持额呈现下降趋势，这说明政府已经逐渐鼓励投融资市场对于众创空间的资金支持，而减少对于众创空间的纯资金投入。

本章对众创空间的类型与商业模式划分进行了梳理，基于此，提出了众创空间的六种模式，分别是企业平台型众创空间、“天使 + 孵化”型众创空间、开放空间型众创空间、媒体依托型众创空间、垂直产业型众创空间和高校合作型众创空间，并详细阐释了六种模型的核心要点；然后使用亚历山大的商业模式理论，从目标客户、价值内涵、传送渠道、客户关系、收入流、关键资源、关键活动、关键伙伴和成本结构九个角度对六种模式进行了对比分析。

第五章　众创空间生态系统的系统特征与运行机制研究

创客为了实现创新创业的目标，围绕众创空间平台与政府部门、投资者、中介服务机构等进行相互的交流与合作，形成了一个完整的创新生态系统。研究"互联网+创新创业"背景下的新型平台——众创空间生态系统的系统特征和运行机制，将为有效促进创新创业变革与发展、提高众创空间服务水平和效率提供有益的参考。

第一节　相关研究

国内学术界对众创空间生态系统的研究处于起步阶段。付志勇（2015）最早展开了关于众创空间生态系统的研究，并从合作社群、创意实践、开放资源和协作空间四个角度探讨了众创空间的有机生态。陈夙等（2015）以杭州梦想小镇为例，创建了包含众创精神、创客生态圈、资源生态圈、基础平台与众创政策四个空间结构的众创空间创新生态系统，并阐释了众创空间创新生态系统的概念、特征和功能。汪群（2016）对众创空间生态系统进行了细致的划分，并确认了资源获取、价值交换和优胜劣汰三大运行机制，最后针对众创空间创业生态系统，提出了三点针对性建议。向永胜和古家军（2017）提出众创空间关注并着力解决初创企业在孵化过程中产生的不同需求，提供服务和发展资源，建立了多生态、全要素、孵化融合的生态系统。裴蕾和王金杰（2018）构建了众创空间嵌入的多层次创新生态系统概念模型，研究发现众创空间创新功能的实现依赖于自组织演化、开放式协同和跨层级交互三种机制，为创新生态系统的理论提供了实践依据。

侯晓（2017）基于 CAS 理论分析众创空间发现，众创空间利用互联网思维集聚各种创业创新服务要素，这种模式创新在"互联网+"和新常态背景下，由个人、政府、互联网企业、高校、科研机构、创投机构、中介机构等多主体构成，并将复杂的双创生态环境与创新系统进行有机融合。这同复杂适应系统的内涵和特性有很好的契合度。从复杂适应系统的视角看，众创空间是基于互联网精神的开放式的、由多主体共同参与的综合创业创新生态系统，不仅能为创业者提供创新空间，还能提供一种全面配套、不断改进提升的综合创业服务能力（侯晓等，2016）。

第二节 众创空间生态系统的概念

随着众创空间的不断发展，众创空间平台不断与创业团队、政府、科研院所、投资机构等外部实体进行广泛的联系和交流，逐步形成了一个稳定的、持续发展的生态系统。目前，学术界对众创空间的研究已经不再局限于众创空间本身，而开始对围绕众创空间形成的创业生态进行研究。张玉利和白峰（2017）基于耗散理论对众创空间演进与优化进行了研究，揭示了众创空间创业生态的演变规律。徐婧等（2016）以 Fab Lab 为例，分析了其创新创业生态系统，认为创客空间能够为创业者提供基础设施和服务。

初创企业创新能力的有限性和资源的稀缺性会严重阻碍其创业道路，而众创空间则是利用其资源优势，为不同的创业企业提供支持和服务。于是，不同的创业企业围绕众创空间，利用创业生态中的知识、工具、资金等资源开展创新创业活动进而逐步形成了创新生态系统。综上所述，本书在借鉴相关理论和研究的基础上，将众创空间创新生态系统定义为：众创空间生态系统是以众创空间为核心，以开展创新创业活动为主要内容，充分整合政府、科研院所、中介机构、投资机构等优势资源，实现社会创新和促进经济发展的综合性服务平台。

第三节 众创空间生态系统模型

一、相关概念模型分析

众创空间的概念模型研究是当前众创空间研究中一个热点领域，已经有相关学者对众创空间的概念模型做过一些初步的研究，提出了相关的模型。通过相关文献分析，下面给出了两个目前影响力较大的概念模型。

（一）众创的 C-D-M 模型

刘志迎（2015）首先提出了“众创”的概念，并给出了一个众创模式的“社区（community）—研发（development）—市场（market）”的概念模型，简称“C-D-M”模型，如图 5-1 所示。

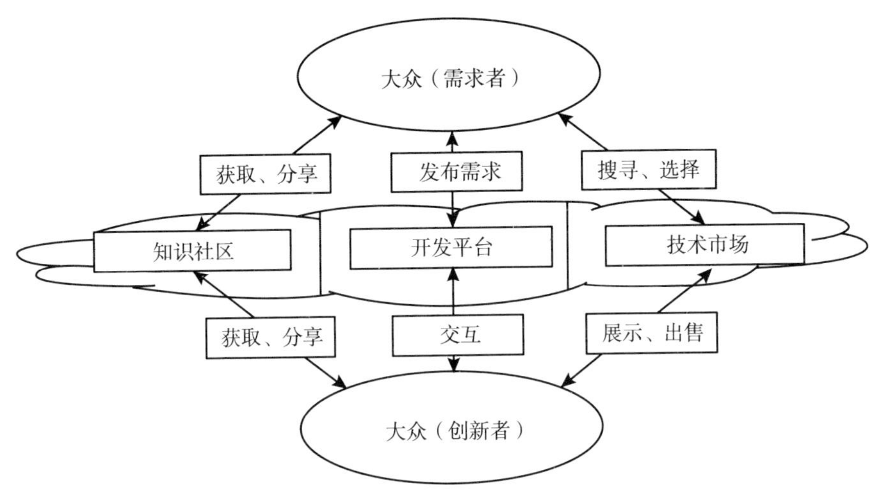

图 5-1 众创的 C-D-M 模型

在 C-D-M 模型中，互联网的知识社区、开发平台和技术市场构成了模型的主要组成部分，大众创新者和大众需求者分别通过互联网与这些平台进行交互。其中，基于互联网的知识社区是众创模式的前提条件。知识社区一方面为创业者的创新创业活动提供了所需的知识和信息，另一方面也是新知识的存储载体。知识通过不断地产生、组合和转化，为创业者创新创业活动提供了可能的解决方案。开发平台则为创客提供了研发活动的空间，以及研发和创业活动所必需的资源。同时通过标准化的开发平台，更多的创客可以参与到研发活动中来。基于互联网的技术市场为创客提供了产品推广的场所，也为产品和技术需求者提供了便利化的搜寻市场，降低了企业创新成本。

（二）以创客空间为核心的创客生态圈模型

徐广林和林贡钦（2016）在研究创客文化的经济生态问题中，提出了以创客空间为核心的创客生态圈概念模型，如图 5-2 所示。在该模型中，创客通过利用创客空间提供的实验室和车间等各类资源，以及利用众筹平台和硬件提供商等外部资源来创造新产品，最终推向市场。该模型强调了众筹平台在推动创客经济发展中的核心地位，通过众筹平台，创客可以获得创业所必需的资金支持，从而为新产品的成功研发提供资金保障，促进从创意到产品的过程。同时，众筹平台为创客的启动资金筹集问题提供了有效的解决途径，能够吸引更多的创客参与到创造的活动中来。

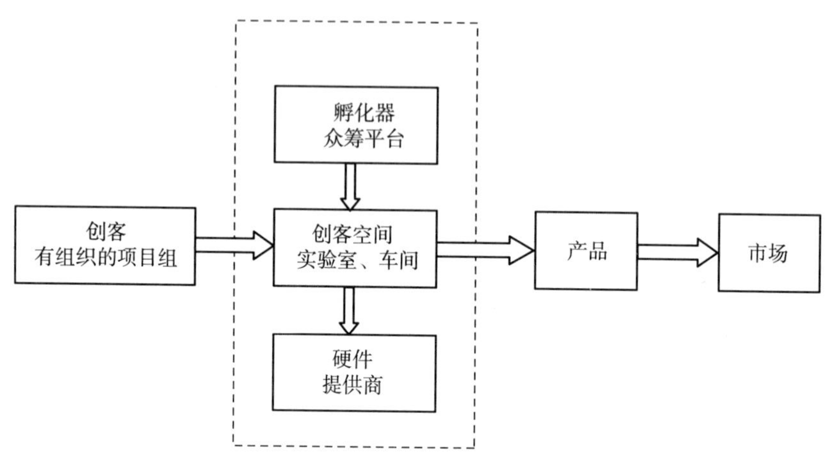

图 5－2　以创客空间为核心的创客生态圈

在上述两个模型中，C－D－M 模型是对众创的概念进行的一个抽象描述，涵盖了众创活动所必需的主要要素，而创客生态圈模型则是从创新创业过程的角度进行了比较具体的描述。然而，众创活动是一个动态的过程，具有很高的复杂性，其复杂性也决定了众创空间的结构应该是复杂而多样的。C－D－M 模型展现了众创活动中的关键要素，而对各要素之间的关系并没有进行描述，也没有对众创空间创新创业活动中的投融资、中介服务等关键要素进行展现。创客生态圈模型很好地描述了众创空间中创客的创造研发流程，但在众创空间的背景下，其对于众创空间的完整要素描述还不够充分，也没有体现众创的典型特征。两个模型均没有将外部环境要素，如政策导向、产业环境等因素引入模型当中。本书借鉴了上述模型的内容，并结合创新创业理论和资源基础理论来构建众创空间生态系统模型。

二、模型构建

经过第二章对众创空间的相关基础理论的综述，以及前面对现有众创空间相关模型的分析，本章结合 C－D－M 模型和创客生态圈模型各自的优势，同时将外部环境要素加入模型当中，构建了众创空间生态系统的结构模型，如图 5 - 3 所示。

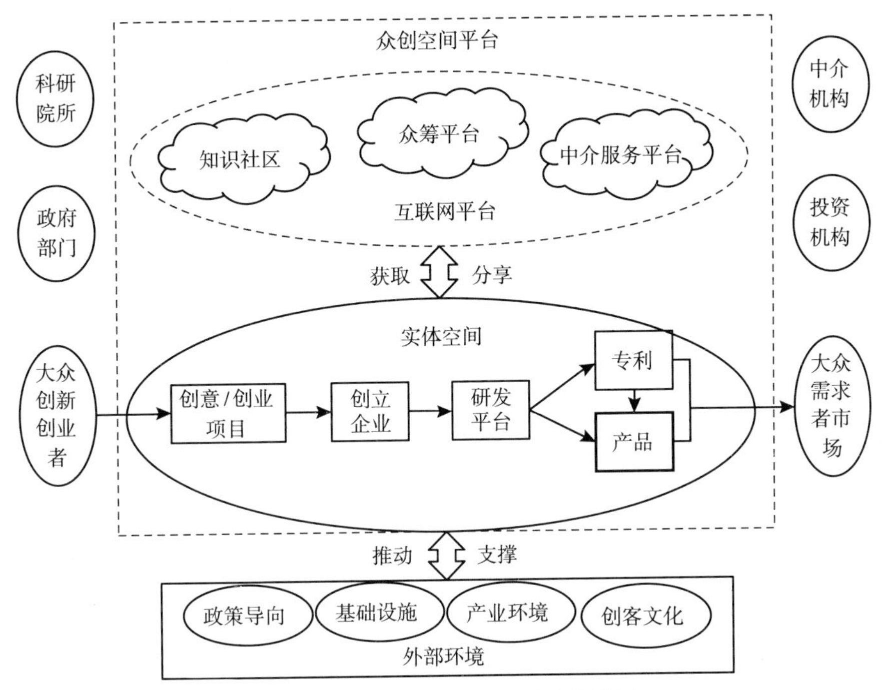

图 5 - 3 众创空间生态系统结构模型

如图 5 - 3 所示，本书提出的众创空间生态系统结构模型由众创空间平台、众创空间参与者和外部环境三个部分组成。其中，众创空间平台分为互联网平台和实体空间两个部分组成。通过互联网平台，创业者可以高效快捷地获取创新创业所必要的知识、资金、中介服务等。因此，建立于互联网之上的众创空间虚拟空间包括知识社区、众筹平台、中介服务平台等。在众创空间实体空间部分，本书则是根据创新创业活动的流程将各要素连接起来。众创空间生态系统的主要参与者包括创客、科研院所、政府部门、投资机构、中介结构等。而外部环境表示众创空间所处的宏观环境，包括政策、产业、基础设施以及创客文化等内容。综上，众创空间平台、众创空间参与者和内部环境三个部分通过有机的结合形成了众创空间生态系统。

第四节 众创空间生态系统分析

一、众创空间生态系统成员

参与成员是构成生态系统最基本的要素，在众创空间生态系统中，参与成员是指与众创活动相关的成员，包括创客、众创平台、科研院所、中介服务机构、投资机构、政府部门等。众创空间生态系统的不同参与成员之间通过不同类型的交互关系构成了生态系统。众创空间生态系统中各成员的含义、构成和主要特征如下。

（一）创客

创客是众创空间生态系统中数量最多的成员，也是必不可少的基本成员。"创客"指的是根据自身喜好，尝试把各种创意落地实现的人。创客来源于大众，通过兴趣和爱好，以及对众创空间平台提供的丰富资源的渴求而聚集到众创空间生态系统当中，以实现自己的创意和梦想。创客的创新和创业活动促进和推动着众创空间生态系统不断完善和发展。

（二）众创平台

众创空间平台作为创客的聚集地和资源的提供者，是众创空间生态系统中不可或缺的节点。众创空间平台的功能包括提供创业环境、相关技术和资源、培训和服务等众多方面。除此之外，众创空间平台还扮演着创客与其他成员的中介，是生态系统中的中介成员，创客可以通过众创平台从外界获取众创平台所不能提供的知识、技术、资金等。

（三）科研院所

科研院所是众创空间生态系统中的智力参与者，掌握了丰富的技术资源和科研成果。创业企业通过与高校等科研院所合作，来推动技术成果的转化和企业的成功孵化，实现产学研协同创新。

（四）中介服务机构

中介服务机构是指提供法律、财务、客服等方面专门化服务的机构，是生态系统中的中介成员。在创业初期，企业把更多的财力和精力放在关键技术研发或者主要业务上，而将企业运营等相关工作交给专门的机构来处理，这有助于降低成本、提高效率并促进企业的成功孵化。

（五）投资机构

投资机构是众创空间生态系统中主要的创业资金提供者。投资机构主要包括VC/PE投资基金、天使投资人等，股权投资类型的众创空间平台也担当投资者的身份，为初创企业提供创业资金。

（六）政府部门

众创空间生态系统中的政府部门包括科技管理部门、人力部门、工商部门和教育部门等政府职能部门。政府部门在众创空间生态系统中扮演着众多角色，如相关政策的制定者、众创空间发展的宣传者、引导者和监管者等。政府部门的政策发展战略会对众创空间生态系统的发展产生重要影响。

二、众创空间生态系统结构分析

结构分析是创新生态系统研究的重要内容。传统的企业主导式的创新生态系统是一种以主导企业为核心，其他参与成员围绕核心运作的结构。而在众创空间生态系统中，往往并不存在一家主导企业，所有创业企业在生态系统中处于平等的地位，平等地利用众创空间平台提供的所有资源。因此，本书认为众创空间生态系统是一种平行式的结构，创业企业各自具有平等地位，拥有绝对的自主决策权。本书构建的众创空间生态系统模型由参与者网络、众创空间平台和外部环境三个部分组成。下面分别对各部分的内容和功能进行详细的分析。

（一）参与者网络

参与者网络是指由众创空间生态系统的参与者所形成的网络，包括创客、众创空间、投资者、政府部门、中介服务机构等。各个参与者的含义及功能在上文中已经进行过详细的分析，这里不再赘述。参与者网络是众创空间生态系统发展的主要推动力。参与者网络的规模、参与者网络的联系紧密程度等是影响众创空间生态系统发展的主要因素。现实中，如何吸引更多参与者参与到生态系统中去，是一项影响众创空间发展的重要内容。

（二）众创空间平台

众创空间平台是众创空间生态系统的重要核心内容，根据众创空间是基于互联网的这一重要特征，本书将众创空间平台分为互联网平台和实体空间两个部分。两者均是不可或缺的关键要素，通过相互补充、相互支撑共同构成了完整的众创空间平台。

互联网平台搭建起了生态系统中的成员之间进行信息交流的桥梁。生态系统中的信息、知识等也通过互联网平台得到了有效的整合。互联网平台上主要包括知识社区、众筹平台、中介服务平台等内容。知识社区是一个开放共享的资源平台，平台上提供了创业所需的技术、市场、行业等方面的经验和知识；众筹平台是创业企业获得投资的主要途径之一，包括众筹平台和直接投资平台等；中介服务平台用于创业企业获取财务、法律等方面的中介服务。创客通过互联网平台，能够快速地获取创新创业技能和资源，也能快速解决创新创业过程中遇到的问题。因此，互联网平台是众创空间生态系统形成和发展过程中不可或缺的重要因素。

实体空间是众创空间平台的另外一个重要组成部分。虽然在 C－D－M 模型中，创客创新创业活动中的研发平台等实体空间也被认为是基于互联网平台的，但本书通过实地调研以及文献分析后发现，实体空间仍然是众创空间平台中最主要的形式，大部分的创新创业活动还是以线下为主。因此，本书认为实体空间是众创空间平台的一个独立而重要的部分。在实体空间部分，本书借鉴了创客生态圈模型的思想，从创业过程的角度将实体空间的各要素连接起来。首先，创客带着自身的创意或者创业项目参与到众创空间中来，与众创空间的其他创客、创业导师、投资者进行讨论和可行性分析；其次，创立企业，利用实体空间中的研发平台等资源和互联网平台的协助，开始进行新产品的开发以及企业的孵化；最后，将研发的创新专利或者产品向市场进行推广，从而完成整个的创业活动。

互联网平台和实体空间两者相辅相成，共同构成了完整的众创空间平台。创客在实体空间进行创新创业活动需要从互联网平台获取所需的知识和资源，而创客成功创业的经验同时也被分享到互联网平台，从而丰富和发展了众创空间的互联网平台。

（三）外部环境

众创空间生态系统是在“大众创业、万众创新”的政策导向、创客文化和宏观经济等基础环境的背景下诞生的，众创空间生态系统的发展受到社会基础环境的影响。逐步完善的社会基础设施、政府政策的推动、创客文化的普及以及产业发展等基础环境都推动着众创空间生态系统的产生和发展。

社会相关基础设施为创业者利用社会公共资源来帮助其实现创新创业的想法提供了基础保障。这些基础设施涵盖了网络、交通、教育、公共服务等多方面。基础设施的完善与否会直接影响到众创空间生态系统能否健康持续地发展。政府政策对众创空间生态系统的形成和发展的影响是明显而突出的。创业是一种高风险活动，创业过程面临的众多不确定因素都会对创业的成功与否造成影响。政府的优惠政策有助于为创业者降低创业风险和成本，提升创业的成功率。创客文化是众创空间生态系统形成的一种隐性推力，既包含创客对创新创业的热情和追求，也包括社会对创客创业的认同和对创业失败的宽容。和谐的创客文化氛围是推动众创空间生态系统持续快速发展的文化支撑和精神支撑。产业环境是指影响产业发展的环境因素。一方面，产业环境的发展为众创空间生态系统的发展提供了良好的基础环境；另一方面，创新创业为产业的进一步发展带来了创新活力。

参与者网络、众创空间平台以及外部环境构成了完整的众创空间生态系统。各个参与者之间通过信息交流、资源共享等一系列的交互活动，为众创空间生态系统增添了发展的动力，促进着大众创业、万众创新的发展。

三、众创空间生态系统的特征分析

对众创空间生态系统的静态特征进行分析，有助于把握众创空间的主要特点，从而加深对众创空间的理解。通过众创空间相关文献和实地调研分析，我们发现众创空间生态系统具有以下静态特征。

（一）众创空间生态系统的“众”特征

“众”是从众创空间生态系统的规模角度进行刻画，主要体现在两个方面。其一是参与者数量众多：众创空间生态系统中聚集着数量众多的创客，也聚集着数量众多的创新创业项目，创客通过兴趣、爱好等聚集在众创空间，通过交流和指导来实现自己的创意和创业梦想；其二是参与者种类众多：众创空间生态系统中不仅包括创业者，还包括创业导师、科研院所、中介服务机构、投资人等，这些参与者通过参与生态系统以提供相应的服务，推动了创新创业的发展。

（二）众创空间生态系统的开放性特征

众创空间生态系统是一个开放性的系统，具有“无边界、自组织”的特点。一方面，众创空间生态系统外部的任何人都可以容易地参与到生态系统中来，生态系统中的公共资源也对外部开放。另一方面，众创空间生态系统内部的创业者也可以通过互联网等方式从系统外部寻找资源来解决相关问题。众创空间生态系统的开放性吸引了更多的人参与到创新创业活动中来，从而能够快速地扩大生态系统的规模。

（三）众创空间生态系统建立在互联网平台之上

由于众创空间生态系统参与者数量众多，要实现知识的共享、信息传递、高效沟通、创意加速实现等，就必须以互联网平台为基础。通过互联网平台，众创空间生态系统中各参与主体之间可以进行频繁的、高效的沟通和交流。首先，以互联网为载体的知识共享平台，可以为创业者提供便捷的创业服务；其次，互联网上的众筹平台为创业者提供了高效的资金获取途径；再次，政府、中介服务等机构通过互联网平台可以快速处理众创空间生态系统中的政务、财务、咨询等相关问题；最后，互联网通过社交网络提供了高效的沟通交流平台，有助于创客之间相互交流创意和相关技术，解决创业过程中的问题。

（四）众创空间生态系统的多样性特征

传统的创新生态系统往往是以某个产业为背景而产生的，创新创业活动也是围绕着某个产业进行的，而在众创空间生态系统中，并不存在特定的行业限制。以不同行业为背景的创业项目统一在众创空间生态系统中进行孵化，增加了生态系统的多样性。这种多样性带来了不同背景的创客、不同的技术，有利于促进不同产业之间的融合与产业的发展。

（五）众创空间生态系统的文化特征

众创空间生态系统的形成与创客文化的流行密不可分。创客文化所代表的是一种由兴趣、爱好所激发的创新创业热情，这种热情是其他类型的创新生态系统所不具备的。相比由利益、政策等驱动的创新创业，由兴趣爱好驱动的创业具有更强的动力，能够创造企业的核心竞争力，有助于创业成功。同时，由创客文化形成的创业环境和氛围具有很强的示范效应和影响力，可以吸引更多的创客参与到众创中来，有利于众创空间生态系统的可持续发展。

第五节　众创空间生态系统运行机制分析

众创空间生态系统的运行机制是指构成生态系统的各要素与环境以及各要素之间相互联系、相互作用，以不断实现创新的内在机理与运转方式。运行机制作为众创空间的调节器，对初创企业的行为起着约束、激励和协调的作用。众创空间运行的基本要素是大众、物资、资金、信息等，基于前述的众创空间生态系统，我们构建了众创空间生态系统运作机制，其中存在四个核心机制：供给机制、需求机制、催化机制和协调机制。只有协调好系统各构成要素的关系，才能保证整个系统的健康发展。

一、供给机制

众创空间创新生态系统的供给机制是指众创空间自身及共同合作的科研机构为其内部的初创企业的创新活动提供资源的机制，包含人力资源供给、金融资源供给和社会资源供给。

（1）人力资源供给：人是技术创新过程中最有活力、最具创新力的元素。初创企业的创新活动，都离不开高技术人才的支持。此外，创业导师也在初创企业的成长发展过程中起着至关重要的作用。人才主要来自高校、科研机构及各类科技服务机构。

（2）金融资源供给：初创企业的金融支持主要是来自银行、证券机构、担保机构等，目前由于信息不对称等因素的影响，初创企业金融资本的供给需要众创空间建立更多的具有针对性和创新性的融资模式。金融资源供给能够完善初创企业的资金扶持体系、建立健全初创企业的诚信档案、拓宽融资渠道，为初创企业引入战略投资者或提供其他的合作机会。

（3）社会资本供给：社会资本有助于初创企业搜集外部信息，获取有力的外部资源。这些外部资源包括信息、知识、资产、能力及组织过程等。初创企业要获取外部资源，很大程度上依赖于众创空间的外部资本，即上下游企业、高校、科研院所、社会中介机构、政府及其相关职能部门等关系网络。

二、需求机制

众创空间生态系统的需求机制包含科技需求机制和市场需求机制。

（1）科技需求机制：由于初创本身规模较小，很难通过价格竞争来取得优势，所以想要打破垄断，只有依靠众创空间，不断提升技术创新能力以获得最佳回报。科技需求还表现在众创空间创新系统的各个组成部分上，在产学研的合作创新中，不光是初创企业需要技术领先来创收，在高校和科研机构中也需要技术上的不断突破，提升技术人才水平，建立更完善的技术升级程序。

（2）市场需求机制：市场是创新之源，在市场经济中，消费者偏好差异和市场交易制度的不同，使得企业参与市场竞争本身就成为一个不断适应的创新过程，而众创空间则为企业的市场需求提供了保障。在适应市场需求的过程中，初创企业必将把众创空间作为重要依靠。

三、催化机制

众创空间生态系统的催化机制包括政府政策支持和扶持体系促进。

（1）政府政策支持：政策驱动是推进众创空间创新发展的基础，目前，国家经贸委、科技部、农业农村部、信息产业部都制定了一系列政策来扶持众创空间的发展。政府机构主要通过制定产业政策及相关法律法规、建立众创空间创新生态系统服务支持体系，来为众创空间发展提供良好的发展平台。

（2）扶持体系促进：要想发挥众创空间孵化体系的最大作用，就要为众创空间提供所需的资源，通过政企产学研用的相互配合，加快成果产出并进入市场进行检验，根据市场竞争状况，决定是否进行新的资源投入，由此形成孵化扶持体系的良性循环，不断促进企业技术创新。

四、协调机制

众创空间生态系统的协调机制包括合作信任机制和治理机制。

（1）合作信任机制：在众创空间创新系统中，要想实现整个系统的良性循环就需要系统中的各要素高度合作。信任能够有效促进众创空间各要素的合作交流，减少交易成本。合作创新的最大优势就是能够把众创空间各要素的资源通过各种纽带联系在一起，初创企业可以凭借整体资源组合进行创新，既弥补了各自资源的不足，又能够资源共享、提高创新能力。

（2）治理机制：一方面，要想促进初创企业的技术创新，需要一个透明、有序、鼓励创新的市场环境，众创空间应当积极推进行业改革，推动形成自由竞争的良性循化和合理的市场秩序。另一方面，只有对创新成果合理保护，才能提高初创企业创新的积极性。众创空间通过实施严格的知识产权保护制度，来激励初创企业进行创新，同时协助健全知识产权维权援助体系。

第六节　本章小结

本章首先在相关研究的基础上分析了与众创空间相关的两个概念模型：C－D－M 模型和创客空间生态圈模型；然后根据现有模型的局限，同时结合第二章中对创新创业理论和资源基础理论的相关借鉴，提出了众创网络的概念模型，阐述了众创空间生态系统具有的特征，分析并归纳提出各创新主体、要素和环境之间相互联系、相互作用的众创空间生态系统；最后构建包含供给机制、需求机制、催化机制和协调机制四个核心机制在内的众创空间系统运作机制。针对众创空间生态系统的构成及其运行机制的研究结论，本书提出如下优化众创空间的建议：

首先，政府需要健全法律体系指导并助推众创空间建设，建立创新创业政策集成平台；其次，加强各主体之间的互助学习，建立创新主体信息化服务平台，加强政企产学研用协同创新；最后，积聚和整合创业资源，建立资源积聚整合服务平台，形成完善独特的创新链，提升软硬件综合实力。

优化众创空间，最主要的是要完善运作机制，继续聚集四个核心机制的主体力量，不断创新和改进众创空间的创业服务机制；营造服务一条龙的理念，从创业培训、工商注册一直到跟踪服务、二次孵化，使众创空间在每个环节都保持高效高质的服务，依靠强大的信息网络服务资源，打通产业价值链上、下游的协作瓶颈；最后，同样重要的是要优化组合生产要素、加大成果转化，使既定的投入获得更多更好的产出。

第六章　众创空间集聚和影响因素分析

众创空间作为我国“双创”战略的重要载体，其在规模化发展的同时也会带来集聚效应，进而促进区域创新创业发展水平。本章将探讨众创空间的集聚演化效应，并分析其影响因素。

第一节　相关研究

“大众创业、万众创新”作为深入实施国家创新驱动战略的重要举措，逐渐成为中国经济发展的时代风潮。科技部火炬中心组织相关专家，根据全国各众创空间运营时间、硬件条件、孵化项目数量、知识产权数量等指标情况进行国家级众创空间评选工作，推选国家级众创空间，颁发备案牌照，这有助于形成标杆并发挥示范作用。

众创空间具有三大功能：区域创新创业信号的识别和创业资源的积累、创业能力的建构和创业的孵化，以及通过点和面的推动促进大众创业。众创空间不仅是一个创新创业空间，而且是一种新型组织形式，是一块体制机制的“改革试验田”。众创空间集中优势资源向新兴领域、热门领域中流动，同时降低创新创业的“试错”成本，达到了供给侧结构性改革的效果。另外，众创空间是创新资源和创业资源的集聚平台，经济发展水平高、市场活力强的区域更吸引众创空间的发展，并逐渐出现地理上的集聚（如北京的中关村大街），这一种空间地理的集聚便是众创空间的高级组织形态。

关于产业集聚（地理集中）的研究可以追溯至马歇尔（Marshall，1890）的《经济学原理》，他认为如土地、劳动、资本的生产要素的集中存在“外部经济”。韦伯（Weber，1929）的工业区位论（Industrial Location Theory）采用“集聚因子”来分析集聚因素对工业区位选择的影响，并提出了“集聚经济”概念。波特（Porter，1998）构建了“钻石模型”，认为生产要素、需求条件、企业战略、结构和竞争对手是国家竞争优势的四大要素，其中产业集群是结构中的组成部分。王缉慈（2002）把区域产业集群分为弹性生产组织、中间体制组织、网络型组织和创新型组织。创新型组织的产业集群模式是由地理上相互临近、具有共性和互补性的企业组成的，主要从事创新活动和生产。关于产业集聚的原因，最主要的观点是由于溢出效应作用，其作用结果可以形成地区的专业化与多元化。马歇尔（Marshall，1890）、阿罗（Arrow，1962）、罗默（Romer，1986）的 MAR 溢出效应理论认为地区专业化能促进知识溢出从而促进产业增长，并认为垄断有利于产业的创新。而雅各布斯（Jacobs，1969）则认为溢出效应中的重要知识来自不同产业类型的企业，多样化和地方竞争有利于产业增长和创新。

由上述综述可知，关于“集聚效应”学者已做了大量研究，但众创空间的集聚研究还不充分，缺乏有效的研究成果和实证研究的证据。这一方面是因为众创空间作为创业新形式在 2015 年前后出现，而空间的集聚需要一定的时间演化，因此具有时滞效应；另一方面，众创空间微观数据的难以获得也是影响研究的因素。部分众创空间甚至把自己定位为“二房东”，并未有效地发挥创业集聚的作用。然而，经过近五年的发展，通过市场机制的选择和行政主管部门的引导已基本形成良性竞争的态势。众创空间集聚的效应已经开始显现，研究空间集聚对理解众创空间的影响作用愈发重要，并能够为进一步发挥众创空间区域创新和创业资源集聚特征，形成良好的创新和创业环境提供理论指导。

第二节　数据来源和研究方法

一、数据来源

本书结合科技部火炬中心备案公示名单及运营主体，通过天眼查进行运营主体梳理确认，并通过国家地理信息公共服务平台（http：//www. tianditu. gov. cn/）API 接口对全部众创空间进行了地理位置经纬度数据导出测量，且按照国家地理信息测量单位标准进行标注。结果形成了 1937 条国家级众创空间地理微观数据库，并通过 ArcGIS 10. 2 进行地理图形描绘，使用国家 CGCS2000 标准坐标系对地图和经纬度进行标注。虽然国家级众创空间不是全国众创空间的全量样本，但国家级众创空间是根据各省市众创空间遴选报送和专家评审进行备案评选的结果，可从很大程度上代表各个地区众创空间的发展水平。

其他数据来自 2017～2019 年《中国统计年鉴》《中国科技统计年鉴》《火炬统计年鉴》《中国社会统计年鉴》。

二、研究方法

空间研究方法主要包含空间统计分析法和空间计量经济学方法（spatial econometrics）。空间统计分析法主要是根据空间地理纬度进行相关系数的测度；空间计量经济学方法是对空间经济系统进行计量分析，是区域经济学的重要研究方法，其以处理数据的“空间效应”（spatial effect）为核心来研究区域经济模型。本书采用以上两种方法分别对众创空间集聚进行影响因素分析，使用 ArcGIS 的空间分析模块和空间统计模块，可以实现对研究对象地理分布特征、空间关系、模式等的分析。本书使用的方法包括最近邻指数法、核密度法。最近邻指数法用平均观测距离与预期平均距离的比率进行表达。核密度估计法是一种非参数密度估计方法。假设地理事件上所发生的概率不同，点密集的区域事件发生的概率高，点稀疏的地方事件发生的概率就低。该分析方法可用于计算点状要素在周围邻域的密度，可以显示出空间点较为集中的地方。

（一）众创空间的集聚度

区域经济学中测量产业地理集中度的常用指标一般有六种，即变异指数（CV）、集中度（CR）、区位基尼系数（GINI）、绝对地理集中系数（MHHI）、空间分散度指数（SP）、泰尔指数（Theil－L index）。

（1）变异系数（CV）。CV 反映了行业对平均分布的偏差，值越大，说明行业分布越集中；值越小说明行业分布越分散。使用 R 语言计算各省众创空间的变异系数，可用来反映其规模在各省份间的不均衡程度。

$$CV^k = \sqrt{\frac{1}{R}\sum_{r=1}^{R}\left(x_{r,k} - \frac{1}{R}\sum_{r=1}^{R}x_{r,k}\right)^2} \Bigg/ \left(\frac{1}{R}\sum_{r=1}^{R}x_{r,k}\right) = \sqrt{\frac{1}{R}\sum_{r=1}^{R}\left(C_r^k - \frac{1}{R}\right)^2} \Bigg/ \left(\frac{1}{R}\right) \tag{6-1}$$

（2）集中率（CR）。集中率表示对于行业 k 而言，规模最大的前 n 个地区合计占总产业规模的份额。CR 的取值在 0～1 之间，取值越大，表示行业 k 越集中，该指标直接给出了份额较大的 n 个地区所占的比重，从而可以直观反映行业的地理集中程度。

$$CR_n^k = \sum_{r=1}^{n}\frac{x_{r,k}}{\sum_{r=1}^{R}x_{r,k}} = \sum_{r=1}^{n}c_r^k,\ n = 1, 3, 5, 7, 9, \cdots \tag{6-2}$$

（3）区位基尼系数（GINI）。基尼系数是常用来衡量数据分布差异性的指标，区位基尼系数（location gini coefficient）可衡量经济活动在地理空间上分布的不均衡程度。基于基尼系数原理，计算公式为：

$$G = \frac{1}{2n^2\overline{X}}\sum_{i=1}^{n}\sum_{j=1}^{n}|x_i - x_j| \tag{6-3}$$

基尼系数取值范围在 0～(1－1/n）之间，值越大表示集中程度越高。

（4）绝对地理集中指数（MHHI）。绝对地理集中指数（MHHI）将赫芬达尔指数进行了简单正规化，其计算公式为：

$$MHHI^k = \sqrt{\frac{\sum_{r=1}^{R}\left(\frac{x_{r,k}}{\sum_{r=1}^{R}x_{r,k}}\right)^2}{R}} = \sqrt{\frac{\sum_{r=1}^{R}(C_r^k)^2}{R}} \tag{6-4}$$

绝对地理集中指数表示在不考虑地区总体经济规模的情况下，产业经济活动地理分布的绝对集中程度。当所有的地区在产业上都具有相同的份额时，该指数为 1/R，表示分布绝对平均；当产业完全集中于某一个地区时，该指数等于$\left(\frac{1}{R}\right)^{0.5}$。

（5）空间分散度指数（SP）。以上衡量产业地理集中的指标描述了产业在各地区分布的不均衡程度，但是并没有考虑地区间的距离，忽视了地理空间的布局。产业地理集中度不仅受到产业规模在地区间分布的数据影响，同时也受到这些地区空间关系结构差异的影响，一个行业分布在两个相邻地区，而另一个行业分布在两个距离很远的地区，它们的空间集中程度也不一样。考虑地区间空间关系的空间关系分散度指数（spatial separation index）计算公式如下：

$$SP^k = \alpha\sum_{r=1}^{R}\sum_{s=1}^{R}(C_r^kC_s^k\delta_{r,s}) \tag{6-5}$$

其中，$\delta_{r,s}$是地区 r 和地区 s 之间的距离，α 是一个常数。一般来说，SP 指数值越大，产业地理集中度越小，SP 指数值越小，产业地理集中度越大。分别计算国内 30 个省份之间的相对地理集中指数，两省份之间的距离用它们省会城市间的铁路里程数来测量，并将二者间的距离除以所有省份间距离的总和，以标准化距离权重。

（6）泰尔指数（Theil－L index）。泰尔指数的计算公式为：

$$GE = \frac{1}{n}\sum_{i=1}^{n}\ln\frac{\overline{X}}{x_i} \tag{6-6}$$

泰尔指数是在熵指数的基础上提出的，熵指数反映收入分布偏离完全平等的状态。本文使用众创空间收入和就业分别测量众创空间的集聚程度。指数取值为

0~1，绝对平均值为0；地区间差距很大，趋向于1。

区位熵测量关于众创空间的集聚测量参考李燕萍和陈武（2017）、顾伟男和申玉铭（2018）关于集聚的测量方法，本书采取区位熵测算中国众创空间的集聚程度：

$$JJ_i = \frac{\left(\frac{JY_i}{JY}\right)}{\left(\frac{ZJY_i}{ZJY}\right)} \tag{6-7}$$

其中，JJ_i 代表第 i 个地区的区位熵，JY_i 代表第 i 地区的众创空间的就业人数；JY 为全国众创空间就业人数；ZJY_i 代表地区 i 的就业人数；ZJY 代表全国就业人数。JJ_i 值越大，表明该区域的集聚程度越高，比较优势越明显，反之相反。

（二）关于众创空间的空间相关性测量

经济学研究的是时间、空间、部门的三维的学科，空间地理的异质性成为研究区域经济学的重要方法。众创空间是地域创新、创业的集聚平台，众创空间集聚可能产生地域的空间相关性，我们采用空间自相关检验众创空间的分布是否存在空间相关性。通常空间自相关最常用的检验方法是莫兰指数（Moran's I）。具体公式如下：

$$I = \frac{n\sum_{i=1}^{n}\sum_{j=1}^{n} w_{ij}\,|x_i - \bar{x}|\,|x_j - \bar{x}|}{\sum_{i=1}^{n}\sum_{j=1}^{n} w_{ij}\sum_{i=1}^{n}|x_j - \bar{x}|^2} \tag{6-8}$$

公式中，x_i 和 x_j 分别代表省份 i、省份 j 众创空间集聚度；$\bar{x}$ 为均值，w_{ij} 为空间权重；n 为研究的省份个数。莫兰指数 I 用来考察空间聚集情况，取值范围为［-1，1］。I 大于0，表示具有正向空间自相关；I 小于0，表示具有负向空间自相关；I 接近0，表示无空间自相关。标准化后的莫兰指数渐近服从 N(0，1)。

三、模型构建

（一）变量选取

本书根据众创空间创业生态系统的论述与模型构建，参考相关学者的研究与变量选取，从创新环境、政策环境、金融环境、人力资源环境、基础设施环境五个方面探讨可能影响众创空间集聚的因素，作为影响众创空间集聚度（JJ）的自变量。

1. 创新环境因素（innov）

创新环境是企业创新创业的重要资源，对于企业创新创业氛围至关重要。已有学者基于上市公司做过大量研究，将专利数作为企业创新测量度量（Sapra et al.，2014；赵子夜等，2018），也有部分学者研究指出专利申请往往有一到两年的滞后期，专利申请数更适合作为创新衡量的标准（朱冰等，2018）。因此，本书对于创新环境因素采用地区专利申请数进行测量。

2. 政策环境因素（gov）

众创空间的发展浪潮也同政府支持密不可分（Chandra，2011）。本书采用众创空间享受财政资金支持金额对政策环境因素进行度量。

3. 金融环境因素（finance）

金融环境的改善有利于提升区域创业水平，众创空间初创企业的成功与否，创投资金的支持起到了重要作用。本书参考白俊红和王钺（2015）的做法，把众创空间获得的融资资金作为度量金融环境的因素。

4. 人力资源环境因素（labor）

本书参考顾伟男和申玉铭（2018）的做法，把各地区人口平均每十万人中的高等学校平均在校生数作为人力资源环境因素的测量指标。平均高等教育的在校生数越高则表明可以为创业者提供人力资源的优势越大。

5. 基础设施环境因素（base）

创业地区基础设施的发展水平也是创业考虑的因素之一，发达地区配套设施完善，服务业体系相对较好，能够较好地服务创业人群，本书基础设施环境因素考虑的主要是通信能力，随着中国交通行业的发展，交通因素已经不再是限制创业人员流动的主要因素（白俊红，2015），本书参考陈曦和朱建华（2018）的做法，将各区域邮政和电信业务收入作为众创空间集聚因素的考量标准。地区的邮政和电信业务收入高代表地区通信行业发达，基础设施相对更好。

综上所述，本书的空间计量模型有五个自变量：创新环境（innov）、人力资源（labor）、政策环境（gov）、基础设施（base）、金融环境（finance）。

（二）模型构建

经过模型空间自相关检验，仅有莫兰指数显著。参照陈锦其和徐霭婷（2018）、唐凯和翟国方（2019），使用泊松回归和负二项回归的计数模型进行因素分析。

研究众创空间的布局特征时，因变量是每个空间单元的载体数量。数量都是大于等于0的整数。对于这类解释变量则可以使用计数模型，常使用泊松回归。假设区域 i 内众创空间的数量 y_i 服从概率参数 λ_i 的泊松分布，则计算式为：

$$P(Y_i = y_i \mid x_i) = \frac{e^{-\lambda_i}\lambda_i^{y_i}}{y_i!} \quad y = (0,\ 1,\ \cdots,\ n) \tag{6-9}$$

构建回归模型如下:

$$fre_i = \beta_0 + \beta_1 innov + \beta_2 gov + \beta_3 finance + \beta_4 labor + \beta_5 base + \varepsilon_i \tag{6-10}$$

第三节 结果分析

一、众创空间集聚演化空间结果分析

(一) 最近邻指数统计结果

使用 ArcGIS 空间计量工具中的平均最近邻工具分别进行最近邻指数计算，结果如表 6-1 所示。

表 6-1 众创空间最近邻指数

时间	众创空间数量（个）	最近邻指数	空间结构类型
2015 年 11 月	136	0.164494	集聚型
2016 年 1 月	498	0.172339	集聚型
2016 年 9 月	1337	0.180356	集聚型
2017 年 12 月	1982	0.176593	集聚型
2019 年 5 月	1937	0.17729	集聚型

从表 6-1 中可以看出，最近邻指数都小于 1，说明众创空间的发展在空间结构上都是集聚形态。从时间变化趋势来看，最近邻指数基本保持在一个水平，说明众创空间发展的集聚趋势较为明显。从数量来看，每年的数量都实现了翻倍甚至多倍的增长，集聚效果较为明显。

(二) 核密度演化结果

本书通过 ArcGIS 的空间分析工具中的核密度（density）工具，对众创空间进行核密度分析，核密度分析的距离需要被反复试验并对核密度测量距离进行确认，最终我们使用 250 千米的搜索半径进行核密度测量，分别对四期众创空间（2015 年第一期由于样本点数较少忽略）的演化进行分析，结果如图 6-1 所示。

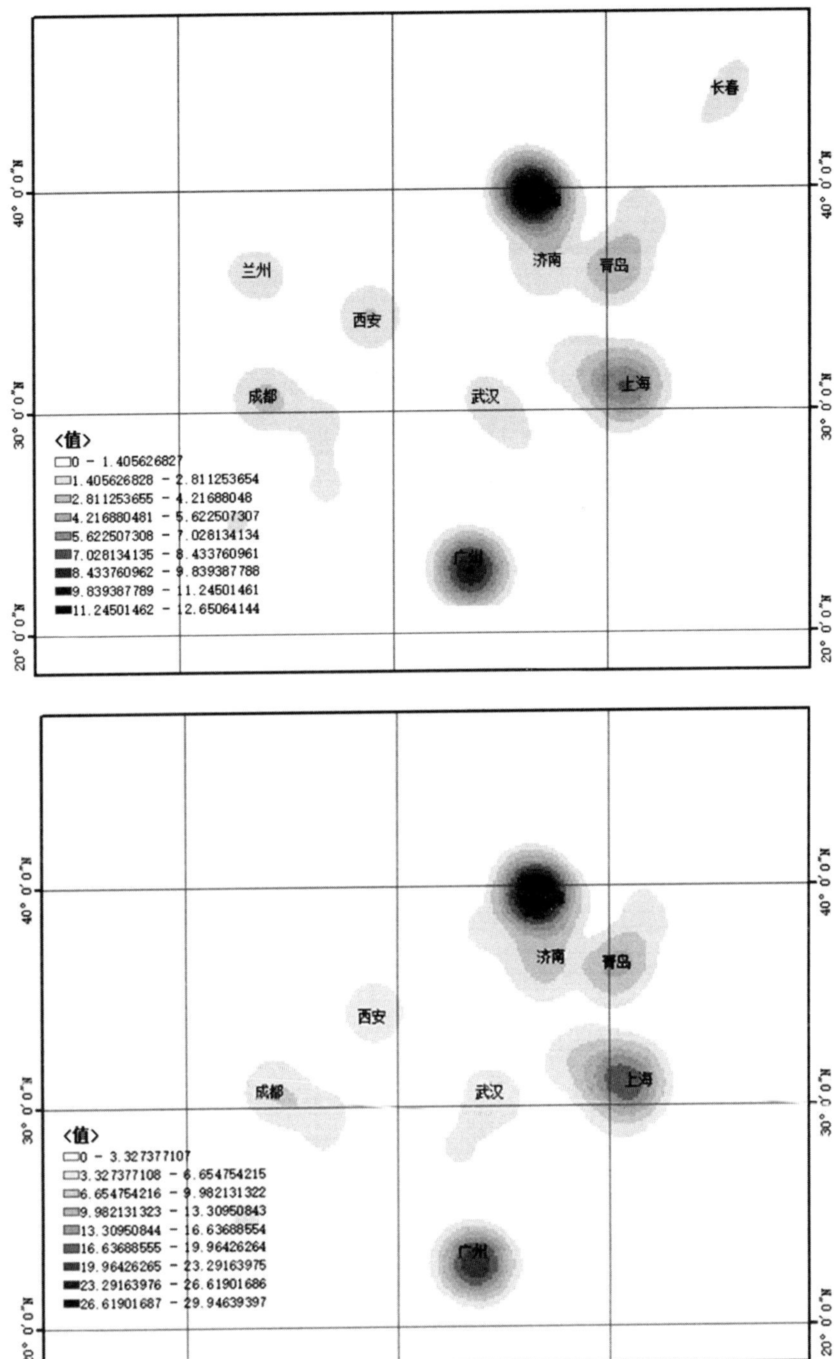
长春
济南
青岛
兰州
西安
成都
武汉
上海
广州
40° 0′0″N
30° 0′0″N
20° 0′0″N
<值>
0 - 1.405626827
1.405626828 - 2.811253654
2.811253655 - 4.21688048
4.216880481 - 5.622507307
5.622507308 - 7.028134134
7.028134135 - 8.433760961
8.433760962 - 9.839387788
9.839387789 - 11.24501461
11.24501462 - 12.65064144
济南
青岛
西安
成都
武汉
上海
广州
<值>
0 - 3.327377107
3.327377108 - 6.654754215
6.654754216 - 9.982131322
9.982131323 - 13.30950843
13.30950844 - 16.63688554
16.63688555 - 19.96426264
19.96426265 - 23.29163975
23.29163976 - 26.61901686
26.61901687 - 29.94639397

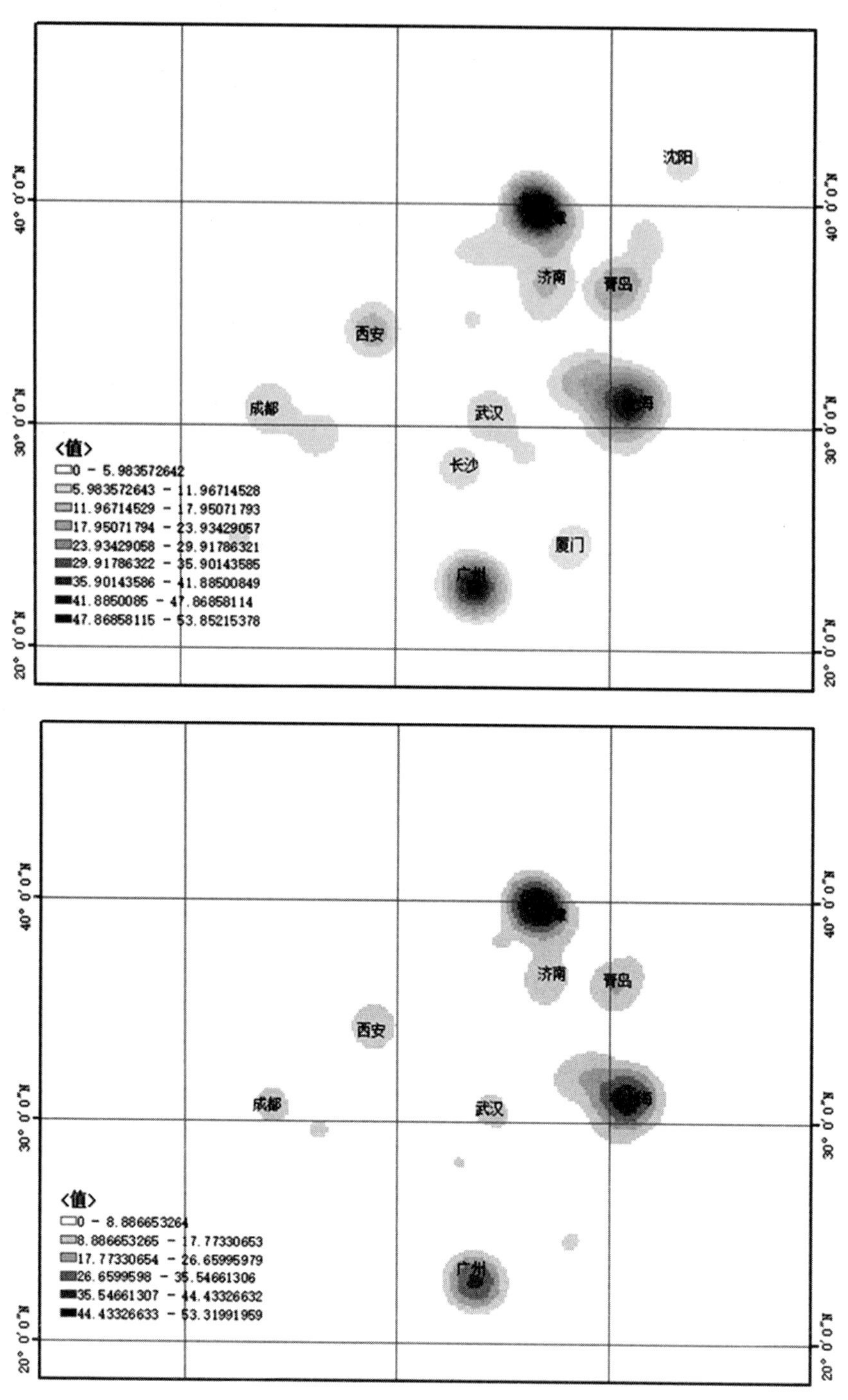

图 6 – 1 众创空间核密度分布示意图

根据图 6 - 1 所示，2016 年 1 月起，高核密度的区域为北京、深圳地区，上海的众创空间发展略滞后于北京、深圳，而内地区域中贵阳—重庆—成都—甘肃—青海—西安—武汉—南昌形成了一个倒 U 形密度区域。2016 年 9 月时间点，北京—青岛—上海—深圳形成了一个倒 C 字形高密度核密度分布区域，而中部地区则由成都、重庆—西安—武汉、长沙形成了三角形次密度核密度分布区域，前面的甘肃、青海、贵阳次高密度区域不再。2017 年 12 月时间点，此时由京津冀—青岛—长三角—厦门—广州、深圳形成了倒 C 字形高密度核密度区域，而内地则是重庆、成都—西安—武汉、长沙，形成三角形结构的次高密度核密度分布，与 2016 年相比，众创空间的密度分布更加集中在沿海区域。2019 年 5 月的时间点，形成了京津冀—青岛—长三角—珠三角倒 C 字形高密度核密度区域，可以看到这四个地区的核密度分布更加集中，而中部的重庆、成都—西安—武汉三角分布核密度大大减弱，几乎难以与沿海倒 C 字形区域匹敌，众创空间的分布更加集中。

从四个时间段来看，2016 年 1 月到 2016 年 9 月增长较快，2016 年 9 月到 2017 年 12 月增长较快，2017 年 12 月到 2019 年 5 月增速放缓，这符合我们的预期。2016 年正是众创空间爆发增长时期，但从 2017 年开始由于市场作用和国家对众创空间健康发展的提倡，部分众创空间关闭或转型，2019 年 5 月众创空间经过市场的竞争后，出现巨大分化效应，最终形成京津冀、长三角、珠三角三大众创空间高密度聚集区域。通过以上演化过程，我们可以清晰地看到众创空间的发展过程，由初期的爆发式发展、遍地开花，到中期的部分区域集聚发展，再到现在的三大区域发展，形成了显著的区域集聚效应，这符合地区的创新、创业环境的发展。

二、众创空间集聚度指数结果分析

通过 R 语言分别对众创空间产业集中度的 6 个系数进行计算，结果如表 6 - 2 所示，并将表 6 - 2 用图像形式作图，如图 6 - 2 所示。

表 6 - 2　　众创空间集聚指数计算结果

指数	2017IC	2017ICG	2017EMP	2018IC	2018ICG	2018EMP	2019IC	2019ICG	2019EMP
CV	1.85628	2.09858	0.75583	1.13541	1.28307	0.97015	1.02423	1.102687	0.83854
CR	0.65942	0.70681	0.38856	0.52244	0.56460	0.44989	0.48907	0.50536	0.43348
GINI	0.68934	0.73932	0.42060	0.54367	0.59554	0.48774	0.51905	0.54288	0.45142
MHHI	0.06926	0.07642	0.04152	0.04995	0.05365	0.04606	0.04731	0.04916	0.0432
SP	0.07250	0.06765	0.08872	0.08439	0.08356	0.08676	0.0799	0.07921	0.08214
Theil - L	0.88750	1.05923	0.28421	0.48900	0.59249	0.38598	0.4278	—	0.32443

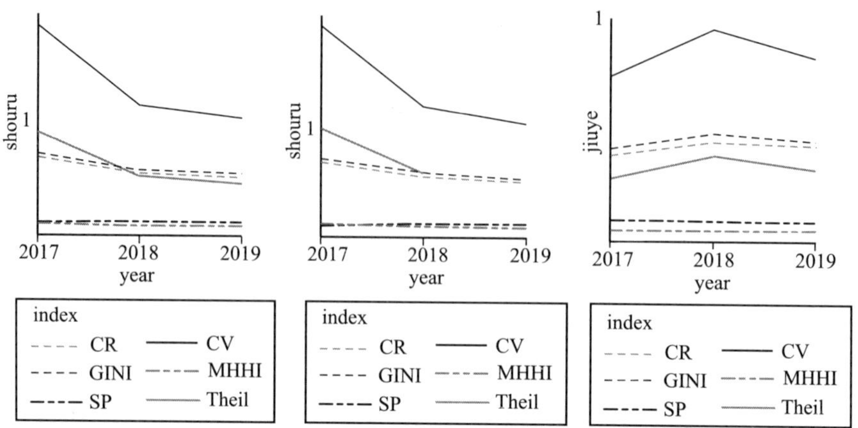

图 6 -2　众创空间集聚指数变化

如表 6 -2 和图 6 -2 所示，2017IC 表示利用 2017 年各众创空间收入数据进行指数计算，2017EMP 代表使用众创空间就业数据进行指数计算，2017ICG 代表利用众创空间收入减去政府补贴之后的收入数据进行指数计算，2018IC、2018EMP、2018ICG、2019IC、2019EMP、2019ICG 同理。CR、CV、GINI、MHHI 四个指数为正向指数，SP、Theil 两个为负向指数，在图 6 -2 中正向指数和负向指数方向相反，但表达的经济学趋势含义相同。

通过对众创空间集聚结果的分析，从时间维度可以看出，六个集聚指数利用众创空间收入指标来衡量集聚效应，集聚效应逐渐降低，这意味着集聚度减小，空间更加分散；如果把政府所获得的补贴收入从众创空间收入中扣除，再重新计算，结果显示集聚指数集聚效应依然逐渐降低，这意味着众创空间更加分散。从绝对值的比较可以看出，2017IC、2018IC、2019IC 的绝对值大于 2017ICG、2018ICG、2019ICG 的集聚指数，表明政府补贴减少了众创空间的集聚效应，有利于空间发展的平衡。

如果使用众创空间劳动就业指标 2017EMP、2018EMP、2019EMP 进行计算则可以发现众创空间的集聚效应更加显著，与众创空间的收入相对分散正好相反，众创空间劳动就业人数呈现集聚度不断增强的效应，虽然从众创空间的收入集聚效应来看随时间减弱，但从众创空间就业角度可知集聚效应呈现增加态势；虽然与 2019 年相比 2018 年有所下降，但与 2017 年相比集聚效应明显提高。

三、众创空间集聚区位熵及空间相关结果分析

为更好显示众创空间集聚的区域格局情况，本书按照国家地理划分，将 30

个省份（由于西藏自治区数据不全，不纳入统计范围内）分为东部、西部、中部、东北部四大区域，按照上式计算 2017 ~ 2019 年中国各省份众创空间的区位熵，结果如表 6 - 3 所示。

表 6 - 3　　中国各省份众创空间区位熵值

地区	省份	2017 年	2018 年	2019 年
东部地区	北京	2.3365743	3.6312681	3.01082
	天津	2.444182	2.5408675	2.283892
	河北	1.7571909	1.3025348	1.374332
	上海	1.3034167	1.2413595	1.026042
	江苏	0.67598072	0.8196008	0.8458713
	浙江	0.73203956	0.89586258	1.270986
	福建	1.3221688	1.0316145	0.721979
	山东	1.4069486	0.92918741	1.023968
	广东	0.81440083	0.84924098	0.658506
	海南	0.27246344	0.06832926	0.6029564
中部地区	山西	1.4227969	1.1812264	1.40275
	内蒙古	1.0569077	1.1111378	1.339919
	安徽	0.4265794	0.52516535	0.7317171
	江西	1.2453326	1.4043209	1.494947
	河南	0.54476521	0.67303533	0.7620405
	湖北	0.24021254	0.56308723	0.8032408
	湖南	0.55466865	0.81221139	0.8796184
西部地区	广西	0.2189584	0.37825745	0.3957297
	重庆	1.7473966	1.5007599	1.15751
	四川	0.55699373	0.81135882	0.7991493
	贵州	0.52926985	0.42064734	0.3968033
	云南	0.62715592	0.629957	0.6695873
	陕西	1.6868415	1.56468	1.798016
	甘肃	2.1379192	1.1928847	1.137141
	青海	0.08640179	0.4501645	0.5954037
	宁夏	0.31245081	0.34695246	0.8181099
	新疆	0.37471776	0.42020821	0.273771

续表

地区	省份	2017 年	2018 年	2019 年
东北地区	辽宁	0. 9457805	1. 1220903	1. 058194
	吉林	3. 1950392	1. 0007062	0. 8571621
	黑龙江	0. 37568048	0. 37496609	0. 2255873

从区位熵值结果来看，2017～2019 年众创空间的区位熵多在 0～4 变化。东部地区的区位熵多在 1 以上，说明东部地区的众创空间发展具有比较明显的发展优势。其中北京、天津、上海、广东是较为突出的省份。从中部地区来看，山西、内蒙古、江西是发展比较突出的省份。西部地区普遍发展水平较低，只有重庆和甘肃较为突出。东北地区只有辽宁省发展相对较好。

根据上述众创空间的区位熵进行计算，结果如表 6－4 所示。

表 6－4　Moran's I 指数

年份	2017 年			2018 年			2019 年		
空间权重矩阵	W1	W2	W3	W1	W2	W3	W1	W2	W3
Moran's I	0. 090	－0. 087	0. 064	0. 379	－0. 089	0. 123	0. 419	－0. 099	0. 147
P	0. 307	0. 002	0. 003	0. 000	0. 001	0. 000	0. 000	0. 000	0. 000

注：W1——0—1 矩阵；W2——空间距离权重矩阵；W3——空间距离倒数权重。

由表 6－4 莫兰指数可知 0—1 矩阵莫兰指数在 2017 年不显著，2018 年、2019 年呈现显著空间正向自相关关系，且正向关系进一步增强。使用空间距离作为权重矩阵，自相关关系显著，2017 年至 2019 年随着时间变化呈现自相关关系增强显著效应。使用空间距离倒数作为莫兰指数，2017 年至 2019 年全部呈现显著正向自相关关系。综上可知，众创空间确实存在空间自相关关系，且随着时间推进，空间正向自相关关系进一步增强。

四、众创空间集聚影响因素分析

本书将省级区域作为众创空间区域划分标准，将影响众创空间集聚的五大类因素进行泊松分布回归，以考察 2017～2019 年众创空间集聚情况和影响因素回归结果。表 6－5 为自变量和因变量的描述性统计。

表 6-5　描述性统计

	均值	标准差	观测值
众创空间数量（fre）	188.62	166.01	90
创新环境 ln（innov）	11.002	1.2895	90
人力资源 ln（labor）	7.8463	0.2499	90
政策环境 ln（gov）	11.051	1.1659	90
金融环境 ln（fina）	13.1126	1.6962	90
基础设施 ln（base）	6.8914	0.9685	90

表 6-6 汇报了四组面板泊松回归结果，列（1）、列（2）进行了随机效应面板模型回归，列（3）、列（4）进行了固定效应面板回归，并分别使用 Bootstrap 稳健标准误进行稳定性分析。面板泊松回归进行了 8 点、12 点、16 点模型稳定性检验，检验结果稳定，表 6-6 为默认 12 点结果，模型效果稳定，没有过度分散的结果。固定效应模型的两种方法系数基本相同，随机效应的两种方法系数基本相同。模型结果的统计意义和经济意义显著。

表 6-6　泊松回归结果

	(1) RE	(2) REBootstrap	(3) FE	(4) FEBootstrap
ln_innov	0.007337 [0.066173]	0.007337 [0.109718]	-0.005214 [0.098801]	-0.005214 [0.214770]
ln_labor	0.598352 * [0.270398]	0.598352 [0.510929]	0.932169 ** [0.316875]	0.932169 [0.817803]
ln_gov	0.109553 *** [0.021764]	0.109553 [0.061675]	0.109311 *** [0.022035]	0.109311 [0.063407]
ln_finance	0.183612 *** [0.017838]	0.183612 ** [0.070468]	0.178148 *** [0.018713]	0.178148 * [0.078229]
ln_base	0.472581 *** [0.027775]	0.472581 *** [0.109135]	0.460675 *** [0.030493]	0.460675 *** [0.115110]
_cons	-6.682507	-6.682507		
N	90	90	90	90

注：括号内为标准差，* 代表 $p<0.05$，** 代表 $p<0.01$，*** 代表 $p<0.001$。

由表6-6结果可知，人力资本要素（ln_labor）对众创空间的发展具有显著的影响，地方教育人数与众创空间发展具有显著效应；政府环境（ln_gov）即政府对众创空间的补贴也对众创空间的发展具有显著影响，众创空间是新生事物，行业的发展需要政府引导帮扶；金融环境因素（ln_finance）对众创空间的发展具有显著影响，众创空间的发展离不开创投、风投等金融环境的辅助，创业主体、创业项目、众创空间同金融环境相互作用直接形成资金链；基础设施环境（ln_base）也对众创空间的发展有显著影响作用。地方创新环境（ln_innov）对众创空间的发展影响不显著，可能的解释原因我们认为有两个：一是因为测量标准是专利申请，众创空间发展时间较短，尚没有产生知识溢出效应；二是随着数字时代的来临，信息化大大促进了信息流通，降低了因空间距离带来的知识壁垒。

第四节　本章小结

众创空间作为我国创新驱动战略中“双创”的重要载体，在区域创新创业发展中发挥着重要作用。本书基于集聚理论以及国家级众创空间数据构建众创空间微观地理数据库，使用最邻近指数法、核密度分析法对众创空间地理集聚演化进行分析，运用区域基尼系数、赫芬达尔指数等六种指数对我国众创空间地理集聚进行测量，并运用区位熵、莫兰指数对众创空间集聚溢出效应进行检验，运用泊松分布回归、负二项回归对影响众创空间集聚的因素进行实证检验。研究发现：

第一，我国众创空间自2015年蓬勃发展以来，经过百花齐放到重点突出再到核心极发展，由全国爆发转变为京津冀—青岛—长三角—厦门—珠三角的倒C形结构和中部成都—西安—武汉的三角形结构，又转变为集聚至京津冀、长三角、珠三角地区，完全集中于创新创业要素最为密集的三个区域，而其他地区在演化过程中逐渐掉队。

第二，众创空间的发展有利于优化地区创新创业环境，吸引创业者可持续发展，培育税源，弥补中国各省份经济发展不平衡情况，发挥“长尾效应”作用，但并没有很大程度地改善众创空间分布不均的情况，众创空间的集聚依然分布在中国创新创业活力较好的区域，且随着时间变化呈现出集聚度进一步增大的情况。

第三，本书通过泊松回归进行了影响因素检验，结果显示地区政策、人力资本、金融环境、基础设施环境对众创空间集聚具有显著影响。

通过以上分析，本书针对众创空间的发展有以下三点建议：

第一，在培育创新创业方面，众创空间的确是一种较好的实现形式，具有平台效应。打造众创空间的集聚区会形成“1 +1 >2”的效果，单独发展某一个、某一种并不是长久策略，从众创空间集聚的演化结果来看，众创空间的选址最终还是会落在相关资源最为集中的区域。

第二，众创空间的集聚发展需要从平台化走向专业化的细分领域。平台化的众创空间已被京津冀、长三角、珠三角三大发展极牢牢占据，只有将众创空间细分化、专业化，且结合当地优势资源才能形成集聚区，从而形成众创空间集聚效应，带动地区的创新创业环境发展。

第三，政府政策引导具有时滞性。众创空间应充分发挥社会力量，有效利用国家自主创新示范区、国家高新区、科技园区、周边高校和研究所资源，发挥政策集成效果，实现创新和创业相结合、线上和线下相结合、孵化和投资相结合，为创业者打造更好的工作空间、网络空间、信息空间、社交空间、资源空间、市场空间、宣传空间，为我国创新驱动发展战略提供新动力。

第七章　众创空间投入产出效率研究

全国各地区的众创空间建设如火如荼，但建设成效如何亟须关注。本章选用三阶段 DEA 模型对我国 2016～2018 年 30 个省份的众创空间的投入产出效率进行评价，同时利用 Tobit 模型对影响其效率的因素进行探究。

第一节　相 关 研 究

一、众创空间效率研究

由于众创空间的发展时间短、主题新，围绕众创空间主题的文献研究还相对较少，早期的研究主要集中在众创空间的内涵、发展模式、创客和创客空间、生态系统等方面，而对于众创空间绩效评价的研究还比较缺乏。

对于绩效的理论研究方面，费弗尔和萨兰西克（Pfeffer and Salancik，2003）提出了一种较为经典的组织绩效理论，认为组织绩效要从内部管理运营、营销等多个方面综合衡量。科莱特（Colette，2013）强调了环境对于绩效评估的作用，认为评价结果会因环境而进行改变。因此，在对绩效进行评估时应该考虑标准选择的适当性，同时考虑是否能够应对环境的变化。

由于众创空间是我国的特色产物，相较于国外学者，国内学者近些年来对于众创空间的效率评价研究相对较多，也是主要的研究趋势。陈章旺等（2018）运用了数据包络分析方法从投入产出角度对福州市的众创空间产业效率进行了评价。任兴旺等（2019）借鉴孵化器绩效评价指标的研究，从定性与定量相结合的角度设计了众创空间绩效评价指标体系。祁明和钟玮仪（2019）基于创新 3.0 和服务生态系统理论，构建了众创空间综合服务能力的三维评价标准。劳慧敏等（2019）运用 DEA 方法对浙江省的众创空间运行效率进行了评价，针对其效率结果进行了分类，并在三阶段 DEA 模型的基础上进一步探讨环境等因素的作用，同时剔除这些因素得到对众创空间更为客观的效率评价。李洪伟等（2012）运用这一模型对我国各省份高新技术产业进行了效率研究，发现了环境因素对于这一产业发展的重要作用；余红伟和胡德状（2015）通过三阶段 DEA 模型发现了环境因素对中国区域制造业质量竞争力提升的重要作用，针对结果划分点明了改进的侧重点；刘满凤和李圣宏（2016）对我国高新区的众创空间效率进行了比较，第一和第三阶段的效率变化说明了环境变量对高新技术开发区创新效率的影响；李林汉等（2018）同样采用了三阶段 DEA 模型对省际科技金融效率进行了评价。

二、众创空间效率影响因素研究

众创空间作为近些年来出现的新鲜事物，具有顺应创新创业潮流的先发优势，但其发展效果以及过程是否顺畅还受到诸多因素的制约。严旭和鲁德银（2016）认为众创空间一方面准入门槛低，有助于营造良好的创新创业氛围，但另一方面又缺乏相应的长远布局，顺应潮流扩大规模的同时却缺少对质量的把控。这些情况都会影响众创空间的长远发展，具体的影响因素还值得进一步探讨。

在以往学者的研究中，政府作为重要的因素被列入影响众创空间发展的研究。陈德金（2017）通过对国内外众创空间发展模式的探索，发现政府职能的发挥，包括硬件环境和软件服务的提供，对于众创空间需要的创新环境具有重要作用。应辉辉（2016）指出众创空间发展过程中的问题还需政府发挥作用进行解决，如从市场化和专业化的角度进行转型、以可持续理念为思路为众创空间制定长远发展规划。

除了政府这一主要影响因素之外，众多学者还探讨了其他影响众创空间发展的因素。梁立明（2016）从四个角度提出了众创空间发展过程中遇到的问题，包括规模与创客主体数量不匹配、创新项目性质同化、盈利模式单一、存在政绩工程等。刘畅和张力（2015）认为当前的众创空间的发展面临专业人才匮乏、服务功能不完善的问题。孔令兵和宋伟（2016）认为传统机构转型升级较为困难是制约众创空间发展的重要原因，需要政府扶持或者市场化融资来助力激发其创新潜能，另外众创空间的法律制度方面尚未完善也是制约其发展的重要因素。综合以上学者的看法，众创空间的发展并不是一帆风顺的，影响其发展的因素有很多，包括政府政策、经济环境、自身盈利模式、人才管理等诸多方面，为了众创空间的长远发展，对于诸多影响因素的挖掘是必要的。

综合来说，对众创空间的运行效率还没有一个相对科学的论证和解释，对于投入的各项资源是否达到了最初的预想效果还有待考证，影响其效率的具体因素也还没有得到详细讨论，这也是本章研究主要探讨的问题。在本章中，笔者从探讨众创空间投入的各项人、财、物、创业配套服务等资源是否达到有效利用的角度展开研究，运用三阶段 DEA 模型对 30 个省份的投入产出效率进行评价，并建立 Tobit 模型进行定量分析，为各地区提高众创空间创新创业水平提出可靠建议。

第二节　研究方法与模型构建

一、三阶段 DEA 模型

与传统 DEA 模型相比，三阶段 DEA 模型摆脱了对主体不可控的环境因素和随机因素的依赖，使得对投入产出效率的分析更为客观。这种方法最早由弗里德（Fried）等学者在 2002 年提出，后续逐渐应用到高新技术开发区创新效率评价、仓储物流效率评价、区域制造业质量效率评价等众多领域。

本书采取三阶段 DEA 模型对我国 30 个省份众创空间的投入产出效率进行评价及分析，可以有效判断除环境因素和随机干扰项以外的各地区众创空间的管理水平。具体的判断过程可分为三阶段进行：

（一）第一阶段：传统 DEA 模型

在第一阶段，主要对原始的投入和产出数据进行 DEA 分析。在这一过程中，采用了班克等（Banker et al.，1984）提出的以规模报酬可变为前提的 BCC 模型，假定有 n 个决策单元，在每个决策单元中，存在 m 个投入变量和 c 个产出变量，其中，$x_i=(x_{1i}, x_{2i}, \cdots, x_{mi})$，$y_i=(y_{1i}, y_{2i}, \cdots, y_{ci})$，$i=1, 2, \cdots, n$，模型表示如下：

$$\min\left[\theta-\varepsilon\left(\sum s^{-}+\sum s^{+}\right)\right] \tag{7-1}$$

$$\text{s.t.}\begin{cases}\sum_{i=1}^{n}\lambda_i x_i+s^{+}=\theta x_0\\ \sum_{i=1}^{n}\lambda_i y_i-s^{-}=y_0\\ \sum_{i=1}^{n}\lambda_i=1\\ s^{-}\geqslant 0,\ s^{+}\geqslant 0,\ \lambda_i\geqslant 0,\\ 0\leqslant\theta\leqslant 1\end{cases}$$

公式（7-1）中，x_0、y_0 分别代表一个决策单元的投入量和产出量；λ_i 代表决策单元的组合系数；i 代表相应的决策单元；ε 在公式中为非阿基米德无穷小量；θ 表示效率评价指标，即为决策单元的技术效率（technical efficiency，TE），其值介于 0 到 1 之间；s^-、s^+ 代表松弛变量。对于式（7－1），只有当 $\theta=1$，且 $s^-=s^+=0$ 时，决策单元才达到效率有效。

在 BCC 模型中，将技术效率 TE 分解为规模效率（scale efficiency，SE）和纯技术效率（pure technical efficiency，PTE）二者之积的形式，即：

$$TE = SE \times PTE \quad (7-2)$$

其中，技术效率 TE 表示投入既定时产出最大或产出既定时投入最小的能力，综合反映了决策单元的资源配置能力、资源使用效率等多方面能力；规模效率 SE 是对实际生产规模与最优生产规模之间距离的测度，反映决策单元的资源配置水平；纯技术效率 PTE 表示剔除规模因素的效率，主要体现决策单元的管理和技术水平。

（二）第二阶段：SFA 模型

这一阶段主要探讨的是第一阶段中各项投入存在松弛的原因，一般来说，主要包含环境因素、随机因素和管理因素这三种，假设存在 d 个环境变量，则其表达式可以写为：

$$S_{mi} = f_m(E_h;\ \beta_m) + V_{mi} + U_{mi},\ i=1,\ 2,\ \cdots,\ n;\ h=1,\ 2,\ \cdots,\ d \quad (7-3)$$

其中，S_{mi} 为第 i 个决策单元在第 m 个投入上的松弛变量，即理想投入与实际投入的差值，$f_m(E_h;\ \beta_m)$ 衡量的是环境因素对 S_{mi} 的影响；$V_{mi}+U_{mi}$ 为联合误差项。

借助运行 SFA 模型的结果，可以判断各环境变量及随机项与各项投入的松弛量之间的关系，若为显著，则说明环境变量对于评价投入产出效率具有较强的影响，需剔除。

（三）第三阶段：调整 DEA 模型

最后阶段主要将剔除环境因素和随机干扰项后的投入数据以及原产出数据再次进行 DEA 分析，同样运用 BCC 模型进行测量，计算各决策单元的投入产出效率。在这一阶段得到的结果反映的是各地区众创空间的经营管理效率高低，由于不受环境等因素的影响，所以评价更为真实和客观。同时将其与第一阶段评价结果进行对比，可以看到环境等其他因素对众创空间投入产出效率的影响，进而可以对提高我国众创空间发展水平提出借鉴性的建议。

二、Tobit 回归模型

Tobit 模型是一种基于极大似然法的估计过程，能够较好地解决因变量数据受限或为截断数据的情况。这一模型由托宾（Tobin）提出，当解释变量存在限制时，使用普通最小二乘法将会为参数估计带来严重的有偏和不一致，这是不满足普通回归分析对于解释变量数据的要求的。Tobit 回归模型可以很好地解决这一问题，其具体原理如下：

假设针对因变量有如下方程：

$$Y_i = \beta^T X_i + \varepsilon_i,\ i = 1,\ 2,\ 3,\ \cdots,\ n \tag{7-4}$$

其中，Y_i 是因变量；X_i 为解释变量；β^T 为变量系数；ε_i 为随机误差。

在本章中，因变量为前期测度的我国各省份众创空间的技术效率值，结果均在 0～1 之间，故而运用 Tobit 回归模型进行后续的影响因素的分析较为恰当。上面提及的 Y_i 应满足如下式子：

$$Y_i = \begin{cases} Y_i^*,\ Y_i^* > 0 \\ 0,\ Y_i^* \leqslant 0 \end{cases} \tag{7-5}$$

其中，Y_i^* 是潜变量值，Y_i 是实际观测值。

第三节　投入产出效率分析

一、数据来源

由于众创空间发展时间较短，数据的可获得性受到挑战，针对其进行动态分析无法得到明显的趋势变化，同时为综合考虑几年来的发展情况，本书主要选取了 2016～2018 年我国大陆地区 30 个省份（除西藏以外）众创空间的以上指标涉及的数据取平均值进行分析。其中，众创空间的数据来源于 2017～2019 年的《中国火炬统计年鉴》，环境变量数据来源于 2017～2019 年的《中国统计年鉴》，这为后续的分析提供了可靠的数据依据。

二、指标选取与检验

本书希望通过剔除环境因素等其他因素的影响，从而更为客观地评价众创空间投入产出的效率。因此，投入指标、产出指标和环境指标的选取显得格外重要。指标的选取根据一般原则、数据的可获得性和研究的视角与目的，做出了如下选择：

（一）投入指标

本书通过借鉴颜振军和侯寒（2019）、张静进（2019）等学者的指标选取方法，选择从人、财、物等角度选取投入指标，同时结合众创空间的特色加入了创业配套服务这一指标。其中，“人”这一投入指标主要以服务人员数量（X_1）和创业导师人数（X_2）进行衡量；“财”这一指标主要以团队及企业当年获得投资总额（X_3）和享受财政资金支持额（X_4）进行衡量；“物”这一投入指标主要以提供的工位数量（X_5）进行衡量；而“创业配套服务”主要以举办的创新创业活动（X_6）和开展创业教育培训（X_7）进行衡量，将其整理成如表7－1所示。

表7－1　投入指标的选取与计算方法

投入指标类型	投入指标名称	单位
人	服务人员数量 X_1	人
	创业导师人数 X_2	人
财	团队及企业当年获得投资总额 X_3	千元
	享受财政资金支持额 X_4	千元
物	提供的工位数 X_5	个
创业配套服务	举办的创新创业活动 X_6	场次
	开展创业教育培训 X_7	场次

（二）产出指标

众创空间的存在目的即通过为空间内的企业提供各项投入而产生效益，产出指标就旨在衡量其产出成果。

为综合衡量众创空间的成果，本书借鉴杨海真和陈光华（2017）、田剑和尹祥信（2019）的指标选取原则，将从经济效益和社会效益两个角度进行产出评价；在此选取众创空间总收入（Y_1）衡量众创空间的经济效益情况，选取常驻企业和团队拥有的有效知识产权数量（Y_2）以及创业团队和企业吸纳就业情况（Y_3）衡量众创空间的社会效益情况，并将其整理成表，如表7－2所示。

表7－2　产出指标的选取与计算方法

产出指标类型	产出指标名称	单位
经济效益	众创空间总收入 Y_1	千元
社会效益	常驻企业和团队拥有的有效知识产权数量 Y_2	个
	创业团队和企业吸纳就业情况 Y_3	人

（三）环境指标

在对众创空间的投入产出效率进行评价时，应尽量剔除环境因素、噪声因素等不在样本可控范围内的影响因素，从而使得对各地区众创空间的投入产出效率的评价更客观。

本书选取了地区受重视程度（E_1）和经济发展水平（E_2）作为环境变量进行剔除。其中，地区受重视程度代表着各地区在国家发展规划中的定位不同，可能存在政策倾斜支持的情况，该指标采用一般预算支出与一般预算收入之比衡量，二者之比可以较为客观地代表一个地区受上级政府支持的力度；经济发展水平影响着相应地区的产业发展和布局，代表着该地区的经济实力，这一指标借助各省区市的人均地区生产总值进行衡量，将人均地区生产总值最高的地区取值为1，用其他地区人均地区生产总值与人均地区生产总值最高值的比值衡量各地区的经济发展水平。将以上指标整理成表，如表7-3所示。

表7-3 环境指标的选取与计算方法

环境指标类型	产出指标名称
环境指标	地区受重视程度 E_1
	经济发展水平 E_2

（四）DEA模型有效性检验

在指标选取的过程中，投入指标数量为7个，产出指标数量为3个，二者之和的两倍小于决策单元数30，故符合DEA分析的指标数量选择要求。同时为检验选取DEA模型对上述投入产出指标进行分析的合理性，本书借助SPSS 17.0软件分析了投入指标与产出指标的相关性，即在增加决策单元投入指标的情况下，产出指标也会相应地增加。依此得到的Pearson相关性检验的结果如表7-4所示，不难发现3项产出指标与7项投入指标均有5%水平下的显著正相关性，满足DEA模型的要求。

表7-4 投入产出指标的相关性分析

类型	X_1	X_2	X_3	X_4	X_5	X_6	X_7
Y_1	0.577***	0.664***	0.653***	0.632***	0.765***	0.645***	0.555***
Y_2	0.491***	0.664***	0.876***	0.705***	0.894***	0.669***	0.557***
Y_3	0.575***	0.739***	0.676***	0.730***	0.861***	0.750***	0.676***

注：***代表1%的显著性水平。

三、三阶段 DEA 分析

（一）第一阶段：DEA 结果分析

在本次三阶段 DEA 研究的第一阶段，对我国 30 个省份众创空间的原始投入产出效率进行测算，将第 i 个地区的 7 项投入数据（X_{mi}，m = 1，2，…，7）和 3 项产出数据（Y_{ci}，c = 1，2，3）代入 BCC 模型公式（7 - 1）中 $x_i = (x_{1i}, x_{2i}, \cdots, x_{mi})$，$y_i = (y_{1i}, y_{2i}, \cdots, y_{ci})$，i = 1，2，…，n，此时公式中 m = 7，c = 3，n = 30，借助 DEAP 2.1 软件运算得到 30 个省份的众创空间的技术效率、纯技术效率和规模效率，结果如表 7 - 5 所示。

表 7 - 5　　我国 30 个省份众创空间投入产出效率值

地区	省份	第一阶段			第三阶段		
		TE	PTE	SE	TE	PTE	SE
东部地区	北京	1	1	1	1	1	1
	天津	1	1	1	1	1	1
	河北	0.929	0.929	0.999	0.929	0.929	1
	上海	0.612	0.645	0.949	0.613	0.626	0.979
	江苏	0.737	1	0.737	0.798	1	0.798
	浙江	0.735	0.909	0.808	0.755	0.915	0.826
	福建	0.946	0.946	0.999	0.949	0.972	0.977
	山东	0.863	1	0.863	0.983	1	0.983
	广东	0.781	1	0.781	0.814	1	0.814
	海南	0.741	1	0.741	0.769	1	0.769
	平均	0.834	0.943	0.888	0.861	0.944	0.915
中部地区	江西	1	1	1	1	1	1
	河南	1	1	1	1	1	1
	山西	1	1	1	0.976	1	0.976
	安徽	0.876	0.879	0.996	0.841	0.894	0.94
	湖南	0.609	0.628	0.969	0.608	0.656	0.926
	湖北	1	1	1	1	1	1
	平均	0.914	0.918	0.994	0.904	0.925	0.974

续表

地区	省份	第一阶段			第三阶段		
		TE	PTE	SE	TE	PTE	SE
西部地区	广西	0.956	1	0.956	0.622	0.972	0.64
	内蒙古	1	1	1	1	1	1
	重庆	0.86	0.86	1	0.866	0.871	0.993
	四川	1	1	1	0.978	1	0.978
	贵州	1	1	1	0.626	0.956	0.654
	云南	1	1	1	0.854	1	0.854
	陕西	0.624	0.625	0.999	0.627	0.645	0.973
	甘肃	0.793	0.815	0.973	0.762	0.811	0.939
	青海	0.894	1	0.894	0.609	1	0.609
	宁夏	0.724	1	0.724	0.441	1	0.441
	新疆	1	1	1	0.707	1	0.707
	平均	0.896	0.936	0.959	0.736	0.932	0.781
东北地区	辽宁	1	1	1	1	1	1
	黑龙江	1	1	1	0.871	1	0.871
	吉林	0.942	0.987	0.954	0.906	0.98	0.924
	平均	0.981	0.996	0.985	0.926	0.993	0.932
全国平均		0.887	0.941	0.945	0.830	0.941	0.883

在第一阶段，我国众创空间技术效率值平均为0.887，水平较高。共有13个省份达到了技术效率有效（TE = 1），包括东部地区的北京、天津2个省份，中部地区的江西、河南、山西和湖北4个省份，西部地区的内蒙古、四川、贵州、云南、新疆5个省、自治区，东北地区的辽宁和黑龙江2个省份。我国众创空间的纯技术效率平均值为0.941，规模效率平均值为0.945，二者相比规模效率值略高，这说明对于我国众创空间的效率而言，规模因素的作用相对较大。但是这一阶段计算得到的效率结果可能受到地区受重视程度或经济发展水平等因素的影响，不能对众创空间的运行情况进行客观说明，故需要在第二阶段对环境等干扰因素进行剔除，以得到更为客观的结果。

（二）第二阶段：SFA结果分析

在三阶段DEA研究的第二阶段，主要将一阶段DEA分析中的第i个决策单元的七项投入变量的松弛变量（S_{mi}，m=1，2，…，7）作为被解释变量，两项环境指标（E_h，h=1，2）作为解释变量，代入公式（7-3）中的$S_{mi} = f_m(E_h; \beta_m) + V_{mi} + U_{mi}$，i=1，2，…，n，h=1，2，…，d，此时公式中n=30，d=2。在该阶段选取SFA模型，使用Frontier 4.1软件进行回归分析，整理结果见表7-6。

表7-6　SFA回归分析结果

	常数项	E_1	E_2	σ^2	γ	LR检验
S_1	-72.24	-55.74	2.32	1.65E+05	0.999	24.33
S_2	-113.78***	-114.08***	-89.48***	1.24E+06	0.999	26.97
S_3	-167367.87***	-15633.54***	98045.11***	7.40E+10	0.956	9.85
S_4	-2549.92***	545.14***	902.58***	2.16E+07	0.999	17.5
S_5	-3429.22***	-770.39***	-228.72***	5.04E+07	0.999	13.74
S_6	-135.69*	23.75	-90.56	6.05E+05	0.999	21.56
S_7	-67.70	-71.14***	-51.43***	6.97E+05	0.999	28.22

注：***代表1%的显著性水平，*代表10%的显著性水平。

（1）地区受重视程度（E_1）。这一环境因素反映了上级政府对该地区的重视程度，这一环境变量与服务人员数量、创业导师人数、团队及企业当年获得投资总额、提供的工位数和开展创业教育培训等五项投入指标都存在负向关系，这说明该地区的受重视程度越高，越容易降低众创空间的该类指标的冗余，有利于众创空间本身纯技术效率和规模效率的提高，减少资源的浪费。

（2）经济发展水平（E_2）。经济发展水平衡量的是东、中、西部的经济发展差异对于众创空间投入产出效率的影响。根据表7-6结果可知，经济发展水平与创业导师人数、提供的工位数、举办的创新创业活动和开展创业教育培训等四项投入变量的松弛变量存在负向关系，这说明经济发展水平越高，越能够减轻这四项指标的冗余，这也间接说明了发展水平较高的地区越能够有效利用各项投入资源，资源配置更加合理。

在这一阶段，两项环境因素对于投入指标的松弛变量均有显著影响，故将这两项环境因素剔除，以得到真实客观的效率评价结果，即各地区众创空间的第三阶段效率结果。

（三）第三阶段：DEA 结果分析

在第三阶段，采用调整后的投入数据和初始的产出数据，依然使用 BCC 模型，借助 DEAP 2.1 软件再次测算 30 个省份的众创空间投入产出效率，测算结果如表 7－5 所示。下面针对各地区众创空间的技术效率、纯技术效率和规模效率分别进行分析。

1. 众创空间技术效率分析

技术效率综合反映了决策单元的资源配置能力、管理水平和技术水平。在剔除环境变量和随机干扰项之后的第三阶段，共有七个省份的众创空间达到了效率有效，分别是北京、天津、内蒙古、辽宁、江西、河南、湖北。这说明这些地区众创空间的资源配置比较合理，能够高效利用各项投入资源，管理水平和技术水平都相对较高。根据图 7－1 可以大致看出调整前后的技术效率变化，整体呈下降趋势，图形向内收缩，其中大多数东南部地区的众创空间投入产出技术效率调整前后均较低，西部地区呈现略有下降的趋势。这说明环境因素对于我国各地区众创空间的效率影响较大，尤其是对于中西部地区而言，剔除政策扶持和经济发展水平等环境影响因素之后更为真实地反映了投入产出效率水平。

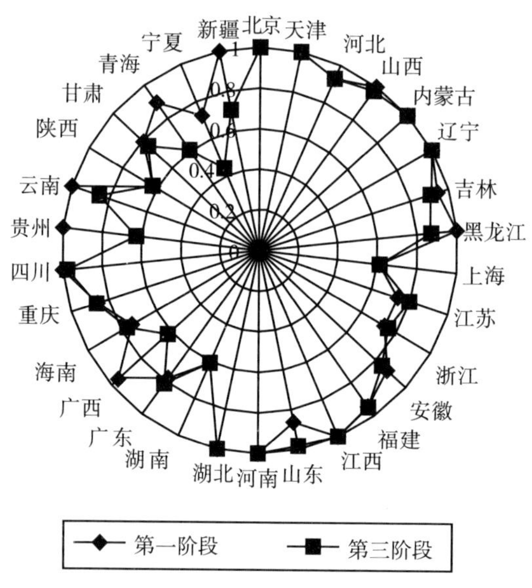

图 7－1　各地区众创空间调整前后综合效率变化

2. 众创空间纯技术效率分析

纯技术效率主要体现决策单元的管理和技术水平。从图 7－2 来看，全国各地区众创空间的纯技术效率调整前后的变化幅度不太明显，这说明各项环境因素对其影响较小。从图中不难看出，我国众创空间的纯技术效率整体水平较高，这说明众创空间投入产出资源的利用效果很大程度上依赖于纯技术效率的进步，其优秀的管理水平和技术水平使得其得到较高的技术效率，而规模效率是导致其技术效率无效的主要原因。如何合理配置资源使规模效率达到有效是各个地区众创空间需要解决的问题。

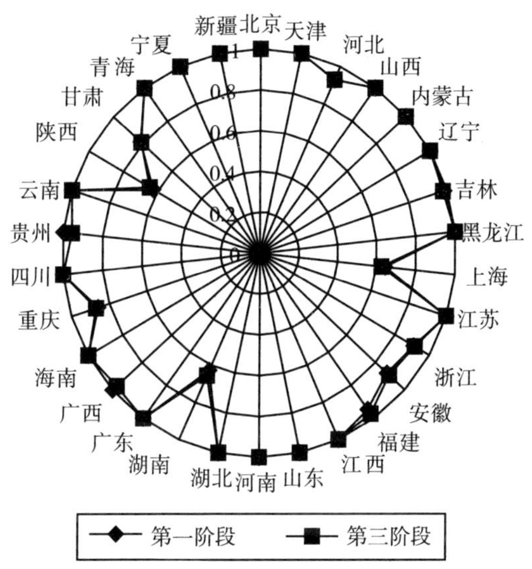

图 7－2　各地区众创空间调整前后纯技术效率变化

3. 众创空间规模效率分析

规模效率反映决策单元的资源配置水平。第一阶段和第三阶段的各地区规模效率值如图 7－3 所示，不难发现，规模效率变化图与技术效率变化图的走向大体一致，都呈现向内收缩的趋势，且中西部地区下降幅度较为明显。这说明剔除环境等干扰因素对于各地区众创空间的规模效率影响较大，导致规模效率值出现了下降，从而导致技术效率下降。

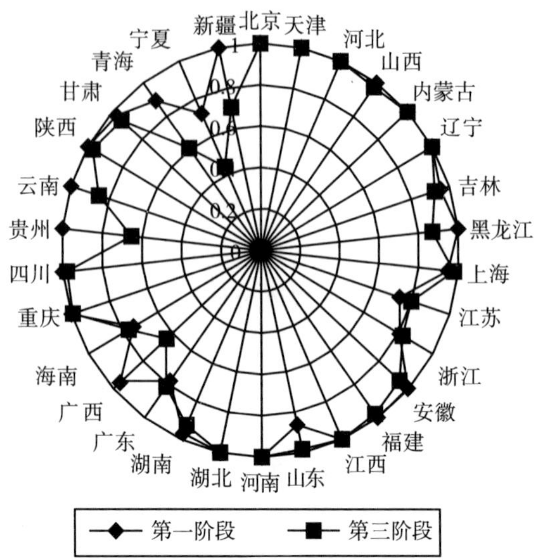

图 7-3　各地区众创空间调整前后规模效率变化

这进一步说明，对于众创空间而言，部分地区依托优良的地理位置和经济发展水平获得了较好的规模发展，但自身的资源配置水平还不能达到规模有效，第三阶段的规模效率结果提示该类地区的众创空间发展应对规模扩展加以重视，对于提升自身的资源配置水平不能松懈，以达到最优生产规模。

4. 各地区众创空间效率分类分析

从上述的分析结果不难看出，要素投入多的众创空间不一定产出效率高，投入较少的地区反而可能有较高的产出效率，不同地区的内部情况也存在不同表现结果。为此，我们将各地区按照众创空间的效率评价结果进行分类，建立四象限将众创空间分为“高投入—高效率”“高投入—低效率”“低投入—低效率”“低投入—高效率”四个部分，来进一步具体探讨各个省份的众创空间投入产出效率。

以各地区众创空间的第三阶段技术效率值为横轴，本书将众创空间技术效率值高于均值的省份划分为高效率类型，众创空间技术效率低于均值的省份划分为低效率类型。

以各地区众创空间的投入值综合得分为纵轴，综合得分主要运用 SPSS 17.0 软件进行计算，本书采用因子分析法将七种投入指标合并为一个因子，并依次以评估因子得分作为权重得到综合得分。

将众创空间投入要素大于均值的省份划分为高投入类型，相反则归为低投入类型。按照这种方法，我们可以得到各个省份的分类结果，如图 7-4 所示。

	低效率	高效率
高投入	上海　广东　浙江　江苏	北京
低投入	陕西　青海　贵州　宁夏　海南　甘肃　湖南　广西　新疆	天津　山东　福建　安徽　江西　云南　内蒙古　河北　四川　重庆　河南　吉林　黑龙江　山西　辽宁　湖北

图7－4　各地区众创空间投入产出类型

位于第一象限“高投入—高效率”类型的地区仅有北京一市。北京市作为我国的政治中心，各项资源等都十分丰富，更是我国创新创业环境发展的先锋城市，其技术效率值无论在调整前后都达到了效率有效，投入值也位于前列。总体而言，这类地区投入高，产出效率也较好，实现了一种比较有效的生产模式。

位于第二象限“高投入—低效率”类型的地区较少，包括上海市、浙江省、江苏省和广东省。该类地区经济发展水平高，各项资源投入也较多，然而产出效率却很低，这是由于效率是根据投入和产出数据测算得出的。以上海市为例，根据2017～2019年的《中国火炬统计年鉴》，该地区众创空间的总收入（Y_1）在2016年低于全国平均水平，常驻企业和团队拥有有效知识产权的数量（Y_2）在2016年、2017年和2018年均低于全国平均水平，创业团队和企业吸纳就业情况（Y_3）除2018年之外均低于全国平均水平，这意味着上海市的众创空间尚未能够高效利用投入的资源，在知识产权产出方面存在困难，需要着重提升纯技术效率。此类地区的众创空间发展应该适当控制投入，并对其加强管理、优化配置，以减少冗余。

位于第三象限“低投入—低效率”类型的地区有陕西、宁夏等九个省份。这些省份大多位于中西部地区，属于对于众创空间的投入不多、投入产出的效率也不高的双低情况。这可能受制于其较低的经济发展水平，也可能是管理水平较差、制度体系不健全的原因。但对比剔除环境和干扰因素前的效率水平，这些地区调整前的效率水平还相对较高，这可能与前述分析的政府支持有所关联。该类地区的众创空间应该集中有限的资源解决运行过程中的问题，同时，政府也应该适当加大对该类地区的经济扶持，为该类地区众创空间提高投入产出效率助一臂之力。

位于第四象限“低投入—高效率”类型的省份有16个，分别是天津、内蒙古、吉林等，分布地区较为广泛，数量最多。这类地区的众创空间表现出色，能够利用较少的资源投入达到较高的技术效率，是各地区众创空间发展的榜样。政府应适当加大对该类地区的投入，以获得更高的效率产出，发挥效率优势，同时鼓励其他各地区加强向该类地区学习，优化资源配置。

第四节　投入产出效率的影响因素分析

一、问题的提出

在上一节中，本书从投入产出的角度对各地区众创空间的效率进行了测度，由于地区受重视程度和经济发展水平这两项环境因素较为不可控，故将其剔除得到了更为客观的第三阶段技术效率值，其代表了当前各地区众创空间内部系统的运作状况，即保证人、财、物、创业配套服务等基本投入的情况下，各地区众创空间所能达到的经济效益和社会效益的产出情况。然而，技术效率值仅为依据投入指标数据和产出指标数据计算的客观结果，虽然明晰了各地区众创空间调整投入产出的方向，但是各地区众创空间技术效率值不同的原因尚不明确。

借鉴解学芳和刘芹良（2018）的看法，众创空间作为一个复杂创新的生态系统，其会受到来自众创空间平台、风险投资主体、科研机构、政府等多方主体的交互作用的影响，最终达到协调有序。沙克尔等（Shaker et al.，2011）将创新生态系统理解为一个多种关系相互作用的网络，信息、人才等要素在网络中进行交互，从而创造价值。杨荣（2014）则认为创新生态系统体现了多种创新要素如技术、人才、市场等的交流、演化和适应。基于此，众创空间的技术效率也必然受到多方面的影响，而非仅受维持众创空间基本运行的投入和产出指标影响。

本书将从影响我国各省份众创空间技术效率值的因素展开进一步的探讨，以找到使得各地区技术效率值存在差异的原因，为有针对性地提升效率提供参考依据。

二、影响因素及假设提出

为了更全面地分析影响众创空间效率的因素，且希望能够通过地区主体对因素进行改善从而提升众创空间的效率，本书选取了环境因素进行探究，并将其划分为微观环境和宏观环境两方面，挖掘影响效率的关键因素从而提出针对性建议。

（一）微观环境

微观环境主要是指能够为众创空间发展提供直接支持的环境因素，这类环境因素对众创空间的发展具备直接且见效较快的影响。在这一过程中，各主体提供的科技和金融服务的作用最为直接，也最为重要。

科技发展是第一生产力，科技创新服务是创新创业发展的重要力量（陶秋香等，2019）。李小燕等（2017）认为在双创时代，科技服务应随企业的生命周期提供差异化服务，以适应创新服务模式。科技服务能有效优化众创空间资源配置，减少技术风险，从而提升众创空间运行效率（汪凯等，2017）。我国的众创空间是在创新创业的背景中产生的，优质的科技服务可以有效激发各项投入的创新潜力，进而外化为经济效益和社会效益的高效产出。张爽（2012）提出企业科技创新团队是体现企业科技服务水平的重要因素，本书借鉴这一点，以各地区众创空间提供技术支撑服务的团队和企业数量（W_1）衡量其科技服务水平，并提出如下假设：

H1：科技服务水平越高越有助于提升众创空间投入产出效率。

在金融方面，艾森哈特（Eisenhardt，1990）认为金融资源是中小企业最基础的资源，足够的投资是初创企业发展的燃料舱，资金短缺常造成初创企业的发展停滞或失败。我国众创空间的资金来源主要为三方面：一是自有资金；二是政府提供的资金补贴；三是众创空间平台引进的风险投资。

政府是众创空间发展的引导者和参与者，在孵化器的创立和成长过程中起到推动作用，对于与孵化器发展类似的众创空间来说，政府的作用依然举足轻重（吴其川等，2004）。众创空间内部大多为初创企业，其自有资金相对较少，政府资本应发挥放大器功能以完善区域金融市场，发挥政策对众创空间的资金引导和鼓励作用，以给予众创空间发展信心（黄彦菁和孙丽江，2015；郭文武，2016）。我国众创空间响应国家“创新创业”的号召而生，目前还处于初期发展阶段。在这一时期，众创空间作为一个新生事物面临的金融风险及运营风险都很高，政府的支持作用显得格外重要，越多的资金投入将带来越多的资源和越大的规模，在初期阶段将有利于效率的提升。本书借鉴晁菲梦（2018）的研究，选取各地区众创空间财政补贴投入（W_2）衡量政府资金支持，并提出如下假设：

H2：政府资金支持越多越有助于提升众创空间投入产出效率。

风险投资机构可以为初创型企业提供资金支持与管理支持，帮助企业快速成长。国外学者皮尔和威尔逊（Peel and Wilson，2010）基于信息不对称角度提出由于信贷配比，贷款方将会对借款方施加更多约束以降低投资风险，而众创空间可以为具有发展潜力的初创企业引进风投，以减少企业的运营成本、提高运行效率（张大权，2017）。当众创空间位于金融环境较好的地区时，其引进的风投资金会更为丰富，其运转效率则会更高。对此，本书借鉴学者童纪新和曹越美（2019）的选取方法，选择各地区贷款余额与地区生产总值之比（W_3）衡量金融发展程度，并提出如下假设：

H3：金融发展程度越高越有助于提升众创空间投入产出效率。

（二）宏观环境

此处的宏观环境是指对众创空间效率起到辅助作用的环境因素，它们通过营造良好的发展环境和打造便利的成长条件，来间接帮助众创空间提升投入产出效率，包括众创空间所在地区的教育环境和网络建设环境。

张育广（2017）认为高校为众创空间提供了丰富雄厚的人才支撑，对于众创空间转型升级起到重要作用。一个地区的教育水平在很大程度上反映了该地区的发展环境及发展程度，良好的学习科研氛围更易激发对创新创业的思考和实践，同时，高校的存在可以为众创空间输出更多的创新创业人才，对于众创空间的投入产出效率具有更积极的影响。高校的创业教育环境与众创空间是内部共生的，高校培养的高素质人才是众创空间的新鲜血液，同时，众创空间能够引导高校的创新人才培养（胡京飞和彭屹松，2019），二者在相互滋养过程中可以有效增强众创空间软实力，提高其运行效率。孙阳春和范智勇（2012）在分析各地区教育发展水平时，将高校毕业生数量作为重要指标进行评价，本书借鉴该指标，选取地区本、专科毕业生数量（W_4）作为衡量众创空间发展的地区教育环境的指标，并提出如下假设：

H4：良好的地区教育环境有助于提升众创空间投入产出效率。

便利的网络化环境是众创空间运转的重要保障。阿胡贾（Ahuja，2000）认为技术合作网络中的合作关系可分为资源合作以及信息合作，而信息合作需要打造主体间的信息通道。便利的网络环境有利于系统内部的知识创造、知识扩散、知识实现（Stuart，2000），众创空间作为一个知识共享平台需要良好的网络环境作为依托进行发展。随着互联网技术的发展，计算机办公已经成为常态，对于小型创业企业来说，良好的基础设施条件是其有效运转的基础，对于其产出效率具有积极作用。本书借鉴张波（2016）的方法，选择各地区互联网宽带接入端口数（W_5）作为衡量地区众创空间发展的网络化环境的指标，并提出如下假设：

H5：良好的网络化环境有助于提升众创空间投入产出效率。

三、模型构建与检验

本书选取前述第三阶段 DEA 的技术效率值作为因变量，以上提出的指标作为自变量，由于效率值均在 0～1，即效率值在两侧被截断，如果选择最小二乘法进行回归，则会导致参数结果有偏且不一致，故本次研究引入双侧截取的 Tobit 模型进行回归是一个较好的选择。根据以上假设，Tobit 模型具体如下：

$$TE = \beta_0 + \beta_1 W_1 + \beta_2 W_2 + \beta_3 W_3 + \beta_4 W_4 + \beta_5 W_5 + \sigma \tag{7-6}$$

其中，β_0 为回归常数项；W_1 为该地区众创空间的科技服务水平；W_2 为该地区众创空间的政府资金支持；W_3 为该地区众创空间的金融发展程度；W_4 为众创空间的地区教育环境；W_5 为该地区众创空间的网络化环境；σ 为残差项。

在进行模型回归之前，研究借助 Stata 13.0 软件对各自变量进行了多重共线性检验，检验结果为各项变量的 VIF 值均大于 1 且小于 10，说明各变量之间不存在严重的多重共线性，可以进行接下来的回归分析。

四、影响因素结果分析

本书选取的各项指标数据均来自 2017～2019 年的《中国统计年鉴》和 Wind 资讯数据库，并取三年的数据平均值作为原始数据。将各指标数据标准化后，借助 Stata 13.0 软件进行回归，回归结果如表 7－7 所示。

表 7－7　　众创空间投入产出效率 Tobit 回归模型结果

被解释变量	解释变量	系数	标准误差	T 值
各地区众创空间第三阶段技术效率值	常数项	0.214	0.217	0.98
	W_1	0.151	0.544	0.28
	W_2	0.337	0.442	0.76
	W_3	－0.147	0.316	－0.46
	W_4	1.080*	0.633	1.71
	W_5	－1.311**	0.650	－2.02

注：** 代表 5% 的显著性水平，* 代表 10% 的显著性水平。

根据表 7－7 可知，金融发展程度（W_3）和网络化环境（W_5）这两项因素与众创空间的投入产出效率未呈现正相关的关系。而其他因素包括科技服务水平（W_1）、政府资金支持（W_2）和地区教育环境（W_4）与众创空间的投入产出效率均呈现正相关的关系，其中地区教育环境（W_4）这一指标通过了显著性检验。

Tobit 回归结果可进一步表明：

第一，科技服务水平（W_1）以及政府资金支持（W_2）与众创空间效率呈不显著的正相关关系，H1 假设和 H2 假设部分成立。这意味着科技服务水平（W_1）和政府资金支持（W_2）是影响众创空间投入产出效率的积极因素，是需要鼓励和倡导的投入因素，这两个因素是以往文献中较为常见的探究因素，如杨海珍（2017）的研究，肯定了区域技术发展水平和政府支持对孵化器效率的正向影响。同时这与三阶段 DEA 结果中强调纯技术效率的重要性相互印证，上海市的众创空间也由于产出的知识产权数量较低导致了较低的效率结果。

第二，地区教育环境（W_4）与众创空间效率存在显著的正相关关系，H4 假设成立。良好的地区教育环境（W_4）为众创空间的发展效率提供更多的创新创业人才，包括创业者、创业导师，也包括空间内高素质的服务人员，这些优秀的人才是众创空间发展的动力来源，更是目前众创空间发展的骨干力量，在效率评价部分也是重要的投入指标数据，因此，为提高众创空间的投入产出效率，高质量的人才提供必不可少，良好的地区教育环境更是关键。李燕萍和陈武（2017）在研究影响我国科技孵化器发展的因素时发现，人力资本优势会对科技孵化器产生吸纳效应，同样肯定了人才对于科技孵化器发展的作用。

第三，金融发展程度（W_3）与众创空间投入产出效率未呈现显著的正向关系，H3 假设不成立。这说明金融发展程度的提升还不能带来众创空间投入产出效率的提升，这与众创空间的发展还主要依赖政府的资金支持有关，同时说明地区金融市场发展得还不够完善，不能根据需求有针对性地对众创空间进行投资，资本市场的供需匹配亟待优化。劳慧敏等（2019）在对浙江省众创空间的效率影响因素进行分析时，建议需注意个别众创空间财政补贴收入过高的问题，可逐步向增加社会投资转变，这与本次研究的结论相符。

第四，网络化环境（W_5）与众创空间投入产出效率之间不存在显著的正相关关系，H5 假设不成立。这可能与我国众创空间大多分布在各省份的中心区域，网络建设和基础设施等水平均较高有关，即其对众创空间投入产出效率的影响已达到饱和，不能再产生促进作用，这也间接表明了我国众创空间的效率提升更多依靠高水平人才、科技服务水平和政府资金支持，而非网络基础设施。以往的文献中较少会纳入网络化环境这一影响因素，本书对于这一因素的探索也是一次较新的尝试，侧面突出了需要发展的重点。

第五节　本章小结

本书结合具体数据，运用三阶段 DEA 模型对 2017 年我国 30 个省份众创空间投入产出效率进行分析，通过剔除不同省份众创空间运行效率受环境因素的影响，使得评价结果更为客观准确；随后运用 Tobit 模型对其效率的影响因素进行探究，以期有更多提升众创空间经营效率的新发现。

本书针对以上的研究结果进行了具体总结并提出相关建议：

一、充分借鉴众创空间技术效率有效地区的发展经验，充分利用各项资源

北京、天津、内蒙古和辽宁等 7 个省份的众创空间投入产出技术效率较高，均达到了有效值。北京市、天津市等省市经济较为发达，各项资源较为丰富，管理水平和技术水平都较为先进，可以充分地利用各项投入资源，实现资源的合理配置。与东部相比，中部和西部地区的众创空间投入的资源相对有限，管理方法和科技水平也相对落后，但内蒙古自治区等中西部较大的省份（自治区）仍能够实现 DEA 有效，说明其众创空间对于资源的投入倍加重视，这也说明了如果能够合理地配置资源，即使投入有限，众创空间的投入产出效率也可以维持在较高的水平。这些省份应该继续保持较高的效率水平，同时可以对发展经验进行总结并推广给其他地区的众创空间，使其能够借鉴和学习，如细化针对众创空间的指导规划政策，使众创空间的发展更具指向性和可操作性；注重科技信息支持和良好的金融环境的打造等。

二、保持高水平纯技术效率，着力提升规模效率

东部地区的山东省、江苏省、广东省和海南省，中部地区的山西省，西部地区的广西壮族自治区、云南省、四川省、青海省、宁夏回族自治区和新疆维吾尔自治区等省份虽然未达到技术效率值有效，但其纯技术效率都达到了有效水平。这说明这些省份的众创空间对于投入资源的利用比较高效，但其资源配置不太合理，导致增加一定的投入却未能达到最优的产出，造成了资源的相对浪费，未能达到规模有效。这些省份大多位于我国西部地区，一方面，其应该在维持目前资源利用效率水平的基础上，重点提高众创空间资源合理配置的能力，如组织众创

空间内部管理技能培训，走访管理经验更为成熟的地区进行学习；另一方面，其应该重点营造良好的创新创业环境，包括科技发展环境、投融资环境以及教育环境，为众创空间的规模成长提供肥沃的土壤。

三、政府应提高资金支持层次，注重提供科技支持

政府是众创空间的发起者和掌舵人，对于众创空间的发展起到战略指导作用。实证结果告诉我们：一方面，随着众创空间的逐步发展，政府应意识到单纯地向众创空间提供资金并不一定会提高众创空间的投入产出效率，金融市场环境不佳将可能导致众创空间效率的下降，可以考虑将众创空间的投资适当地放手给资本市场，并加强监管，为其打造良好的投融资环境，双方共同为众创空间提供资金支持，以提高其技术效率；另一方面，科技服务水平是影响众创空间技术效率的重要因素，我国政府应注重众创空间发展过程中的技术引领作用，激发空间内主体的创新创业潜能，提高纯技术效率，同时政府应致力于为众创空间营造良好的文化环境和创新环境，进而助其提高规模效率，激发更多活力。

四、优化教育环境，提供人才保障

人才是众创空间提升各项效率的重要动力，各地区高校提供的人才数量和质量都直接影响到该地区众创空间的技术效率。因此，各地区应注重各高校的创新创业环境打造，一方面利用高校提供的便捷的科研资源和人才资源，产学研相结合，提升高校的创业转化能力；另一方面通过设置创新创业课程，打造创业项目，培养创业人才、高素质服务人才、更契合创业环境的导师等，为地区众创空间的发展营造良好的教育环境。

第八章　典型地区众创空间政策分析

本章依据第七章的各地区众创空间效率测算结果选择表现较优的典型地区进行创新创业政策文本分析，从政府政策角度寻找提升众创空间效率的方法，进一步挖掘有助于提升众创空间效率的策略。

第一节　相关研究

政策是政府进行战略规划的重要实施手段，政策工具类型的合理划分对于政策目标的实现有直接影响。国外学者对于政策工具的划分研究较早，且考虑角度不尽相同。罗斯韦尔和泽赫费尔德（Rothwell and Zegveld，1985）的政策工具划分最为经典，提出供给型、需求型以及环境型三种政策工具，为后期的政策工具理论发展奠定了基础。伍修斯等（Woolthuis et al.，2005）依据政府利用的不同资源对政策工具进行模式分类。哈尔等（Phaal et al.，2011）认为政策主要分为强制类、混合类和自愿类，这一划分主要依据政府在制定规划时的指导力度。霍普曼等（Hoppmann et al.，2013）从不同层面进行政策分类，以使得政策的实施具备宏观和基本层面的指导。对于政府政策在创业中的效果也有所探讨。朗德斯特伦等（Lundstrom et al.，2001）认为政策工具需要在动机、机会和技术三个方面符合创业活动的要求，这样才能够对创业活动有切实的指导意义。伊森伯格（Tsenberg，2011）强调了政府在创业环境的营造方面起到的指导作用，合乎实际的政策制定可以延长创业企业的生命周期。

政策评价对于政策工具的调整和改进的意义不言而喻，适时地对政策进行评价有助于保证政策的合理性，国内学者对于我国政府的创新创业政策也从多方面进行了评价。时丹丹和嵇国平（2011）采用人工神经网络对相关政策进行分析；

姜琳琳（2010）对辽宁省科技创新政策进行了综合评价，指出了需要改善的侧重点。近些年来，我国学者多采用内容分析法对我国创新创业政策进行评价。刘忠艳等（2018）对近30年的科技人才政策展开文本分析研究，依据文本分析结果讲述了政策工具的利用特点。伍虹儒和官建成（2018）选取了上海和天津作为研究对象，对其近10年来的创新创业政策进行分析挖掘。

本书采用较为经典的罗斯韦尔和泽赫费尔德（1985）提出的政策工具法，结合文本词频统计，对创新创业政策的科学性及可行性进行探究，期待发现众创空间政策规划中存在的问题和可改进的方面。

第二节　政策工具选择与设计

本书选取最为经典的罗斯韦尔和泽赫费尔德（1985）提出的“供给型、需求型、环境型”政策工具，对地区政策进行分类。

供给型政策工具主要表现为政府对众创空间发展的推动力，通过提供科技信息支持、资金投入、人才激励、公共服务以及基础设施建设等便利资源，以推动众创空间的发展。需求型政策工具主要表现为政府的拉动力，通过政府购买、示范工程、设立技术标准、贸易管制和国际化发展规划等创造市场需求，拉动众创空间的发展。环境型政策工具主要表现为政府为众创空间营造良好的创业氛围，如知识产权保护、法律保护、融资环境、科研院所合作氛围等，该类政策工具的影响较为间接。三种类型的政策工具指标选取主要借鉴了何悦等（2017）、徐示波（2019）的指标体系，具体释义如表8－1所示。

表8－1　政策工具类型指标体系

政策工具类型	政策指标细分	内容举例
供给型工具	科技信息支持	免费开放信息数据、提供科技设备使用、设立科技发展资金
	资金投入	政府直接拨款、资助、奖励等直接资金支持
	人才激励	举办各类创业培训、创业导师活动，设立人才激励资金等
	公共服务	空间内部提供的技术转移、知识产权、检验检测等各类服务
	基础设施建设	提供场地、建设场所设施

续表

政策工具类型	政策指标细分	内容举例
需求型工具	政府购买	政府采购、合约外包、政府项目招标投标等
	示范工程	推进双创示范区建设、评议绩效优秀平台
	技术标准	建立技术标准服务机构、提供技术标准服务
	贸易管制	对创业平台提供的特定商品或合作贸易实行管制
	国际化发展	鼓励走出去，推动与国外先进创业孵化机构合作
环境型工具	知识产权	鼓励地区知识产权发展、提供知识产权保护措施
	法规管制	出台对创新创业行为进行管理和约束的行政法规、规章制度等
	目标规划	设立近年创新创业相关目标规划
	工商服务	工商注册便利化改革、登记制度改革等简政放权措施
	融资支持	鼓励地区信贷产品发展、提供担保贷款优惠、降低融资门槛等
	税收优惠	给予企业税负减免、实施税率优惠、研发费用加计扣除等
	策略性措施	打造高新技术园区、实现现代化发展的指导性规划措施
	高校科研院合作	鼓励产学研合作、营造良好的教育科研环境等

工具类型的划分主要通过对单个政策文本的相关条款进行“政策序号—具体条款”人工编码，如政策样本中第一个政策的第一部分为“为众创空间提供专项投入资金”，则该政策文本内容编码为［1－1］，并归为指标体系中的“供给型工具—资金投入类别”。若第一个政策文本中第一部分的第一项内容涉及“为众创空间提供专项投入资金”，则编码为［1－1－1］，并归为指标体系中的“供给型工具—资金投入类别”。依此类推，对收集到的政策条款进行编码并进行统计。

第三节　地区选择及数据来源

政府政策作为引导众创空间各项因素发展的重要推手，对于众创空间的发展起到引导和指向作用。为了进一步探究各类因素对于各地区众创空间投入产出效率的作用，本书特采用政策工具法和文本词频统计，对典型地区的政府政策进行分析，以进一步佐证研究结果。

根据第七章中各地区众创空间效率四象限分类图，可以选出表现优秀的典型地区进行政策分析。综合多方面考量，本节将选择“内蒙古自治区”和“北京市”的政策文本进行对比分析，以找到优化北京市创新创业政策的策略。本书选择“内蒙古自治区”的创新创业政策进行借鉴的理由如下：

内蒙古自治区综合表现优秀，位于第四象限“低投入—高效率”类别，即众创空间的投入较少，但效率结果却较好。本书之所以从众多四象限的省市中选择内蒙古自治区作为分析对象，一是因为其在第一阶段和第三阶段的评价结果中效率均为1，表现较好；二是因为其位于西部地区，比较而言，发展环境更为恶劣，发展资源更为贫瘠，但结果却表现较优，其经验更值得其他地区进行借鉴和学习。根据优中选优的原则，本次政策分析的对象为内蒙古自治区，以为北京市众创空间的发展提供有效借鉴。

内蒙古自治区关于众创空间的政策文本主要在内蒙古自治区政府门户网站搜集，通过搜索“众创空间”“创新”“创业”“就业”等关键词，共获得41份于2015~2020年发布的内蒙古自治区相关政策文本文件，主要发布单位有内蒙古自治区办公厅、人民政府、改革委、财政厅、教育厅、科技厅、人力资源社会保障厅等。

北京市关于众创空间的政策文本主要是在北京市政府门户网站搜集，本书通过搜索“众创空间”“创新”“创业”等关键词，共获得114份于2015~2020年发布的北京市创新创业相关政策文本文件，主要发布单位有北京市人民政府、发展和改革委员会、科学技术委员会、中关村科技园区管理委员会、人力资源和社会保障局、财政局、教育委员会、顺义区人民政府、海淀区人民政府等。

第四节　政策工具分析结果

一、内蒙古自治区政策统计结果

内蒙古自治区关于众创空间的政策工具类型划分结果如表8-2所示。

表 8-2　内蒙古自治区政策工具类型划分

政策工具类型	指标细分	政策条文	小计	占比（%）	总占比（%）
供给型	科技信息支持	3-4、4-4-2、5-2-3、5-2-5、5-4-6、5-4-7、7-2-7、8-3、8-4、8-5、8-20-2、8-21、10-3-1、10-3-2、10-3-4、10-3-5、10-3-11、10-4-2、12-2、15-15、15-16、17-3-1、17-5-2、17-6-1、19-5、20-1、21-1、32-13、33-6、34-1、35-1、36-11、37-1、40-5	34	38.2	40.09
	资金投入	5-2-4、5-3-3、7-2-3、8-11、15-10、15-4、22-3-3、25-1、25-4、31-2、32-8、33-3、33-10	13	14.61	
	人才激励	1-1、3-3、4-9、5-5-2、5-5-3、7-2-5、8-22、10-3-3、13-16、15-4、15-17、19-4、17-6-2、22-1、22-4、25-3、25-5、25-6、26-1、27-1、28-1、28-13、29-1、32-11、36-12	25	28.09	
	公共服务	3-5、3-7、4-1、5-3-5、5-6-2、22-5、23-6、29-2	8	8.99	
	基础设施建设	5-4-6、7-2-4、15-12、15-13、25-2、28-6、32-12、33-2、33-5	9	10.11	
合计			89		
需求型	政府购买	4-6、13-4、14-3、23-4、36-3	5	13.89	16.22
	示范工程	4-4-3、4-14、5-4-7、6-1、7-1-3、7-3-3、8-14、9-2、10-3-8、11-6-5、15-20、17-3-2、18-1、18-3、22-3-2、32-6	16	44.44	
	技术标准	8-19-2、17-6-7、36-5	3	8.33	
	贸易管制	NA	0	0	
	国际化发展	5-4-4、8-17、10-3-10、11-3、12-11、13-13、17-4、32-7、36-14、39-3、39-4、39-6	12	33.34	
合计			36		

续表

政策工具类型	指标细分	政策条文	小计	占比（%）	总占比（%）
环境型	知识产权	4-4-4、5-2-1、5-2-2、8-19-1、10-3-9、15-3、19-6、36-4、38-5	9	9.28	43.69
	法规管制	4-2、5-6-1、10-4-3、11-5、12-16、15-1	6	6.19	
	目标规划	2-1、3-1、8-2-3、8-15、9-1、10-2、17-1-3、19-2	8	8.25	
	工商服务	5-6-4、5-4-5、7-2-1、7-3-2、8-7、11-4-2、11-6-3、12-3、12-12、15-2、17-3-3、18-2、22-3-1、36-13、23-5、24-1	16	16.49	
	融资支持	1-8、3-2、4-4-1、4-15、5-3-1、5-3-2、5-3-4、7-2-2、8-20-3、11-4-4、12-15、13-15、14-2、14-5、15-7、15-8、15-9、15-11、17-6-5、22-3-4、23-2、23-3、28-7、30-1、32-10、33-8、36-6、41-1	28	28.87	
	税收优惠	3-8、11-4-3、15-5、15-6、17-6-2、22-2、32-9	7	7.22	
	策略性措施	7-2-8、8-9、8-13、8-16、8-18、8-23、8-24、8-25、10-3-6、10-3-7、10-4-1、11-2、18-4、31-3	14	14.43	
	高校科研院所合作	1-4、5-4-1、8-10、8-12、11-6-4、16-1、19-3、28-10、32-5	9	9.27	
合计			97		

依据表8-2的政策划分结果，可以发现内蒙古自治区的政策工具类型占比由高到低依次是环境型工具、供给型工具以及需求型工具，分别为43.69%、40.09%及16.22%。内蒙古自治区环境型工具中占比最高的是融资支持环境政策，在供给型工具中占比最高的是科技信息支持政策，从数量上看，关于科技信息支持的政策条文数最多，达34条，这说明内蒙古自治区政府政策更侧重于为众创空间提供科技方面的支持和良好融资环境的打造。

二、北京市政策统计结果

北京市关于众创空间的政策统计结果如表 8－3 所示。

表 8－3　北京市政策工具类型划分

工具类型	政策指标细分	政策条文	小计	占比（%）	总占比（%）
供给型	科技信息支持	11－4－3、11－7－3、22－1、22－4、22－5－6、22－5－7、24－8、26－4、30－4、31－4、31－8、31－10、36－3－1、44、48－4、51、52－1、64－4、79－7、83－4、92－6、99－6	22	24.18	40.81
	资金投入	3、6－4、9、12－3、14、15、19、21、24－10、27、31－5、32－9、41、43、52－7、84－4、85－11、88、91、94、99－8、103－8、108－3、109－3、110－8、112	26	28.57	
	人才激励	2－8、4－1、5－1、7、10、11－4－1、12－2、16、17、18、22－2、25－11、32－7、52－5、58、67－3、84－7、100、103－5、106、108－5、110－6、111－7、113、114	25	27.47	
	公共服务	11－5－1、12－4、13、31－7、48－6、99－7、110－9	7	7.69	
	基础设施建设	29、32－4、35－2、45、52－8、53－5、67－2、67－5、79－6－2、108－2、109－2	11	12.09	
合计			91		
需求型	政府购买	25－12、25－17、69－3－1、69－4－1、111－8	5	15.15	14.80
	示范工程	8、32－5、39、42、50、52－2、53－3	7	21.21	
	技术标准	2－6、23、26－3、30－3、48－3、53－2、64－2、83－2	8	24.24	
	贸易管制	NA	0	0	
	国际化发展	11－5－3、22－5－9、26－5、30－5、36－3－2、48－5、52－6、53－4、68、89、92－12、92－13、111－9	13	39.40	

续表

工具类型	政策指标细分	政策条文	小计	占比（%）	总占比（%）
合计			33		
环境型	知识产权	11－4－4、22－5－3、26－2、28、30－2、40、48－2、53－1、64－1、64－3、79－8、81、83－1、83－3、85－10、92－8	16	16.16	44.39
	法规管制	2－1、11－7－1	2	2.02	
	目标规划	11－3、36－2	2	2.02	
	工商服务	2－3－1、2－3－2、2－4－1、11－7－2、22－3、22－5－2、25－7、46、50、105、107、108－1	12	12.12	
	融资支持	2－3－4、11－4－2、12－5、20、22－5－5、25－16、32－6、33、34、36－3－5、37、38、49、52－4、55、59、61、62、63、66、69－4－5、72、73、75、76、77、78、79－9、80、82、86、87、90、92－5、92－7、95、96、97、98、101、102	41	41.41	
	税收优惠	2－3－3、11－7－4、104、108－4	4	4.04	
	策略性措施	11－6、54、56、67－4、70	5	5.05	
	高校科研院合作	1－1、24－5、26－6、30－6、31－9、32－8、35－1、47、52－3、57、65、70、74、84－6、92－10、93、99－4	17	17.18	
总计			99		

北京市关于众创空间的政策统计结果中环境型政策工具占比最高，达44.39%，其次为供给型工具，占比达40.81%，应用最少的是需求型工具，占比为14.80%。在环境型政策工具中占比最高的是融资支持类政策，在供给型政策工具中占比最高的是资金投入类政策，其次为人才激励类政策。可见，北京市的政策工具更加注重为众创空间营造良好的投融资环境，直接供给的资源更多的是资金资源和人力资源。

第五节　政策文本词频统计

上一节对内蒙古自治区和北京市的政策工具进行了划分，得到了其对于众创空间的发展策略重点。为进一步明确两地对于众创空间的政策侧重方向，本节拟对政策文本进行词频统计，将词频含义和词频数量与政策工具统计结果相互佐证，提高政策分析的准确度。

一、内蒙古自治区政策词频统计

本章共整理内蒙古自治区支持众创空间的政策文本 41 篇，总文本字数为 295358 字。在词频统计部分，本书主要借助 ROST CM6 内容挖掘软件进行，依次通过分词、无效词过滤，得到文本分析的高频词，随后按照词频统计数量进行排名，将排名前 21 位的高频词整理成表，如表 8－4 所示。

表 8－4　内蒙古自治区高频词汇统计

高频词汇	词频	高频词汇	词频	高频词汇	词频
技术	2362	自治区	1081	开展	581
创新	1955	建设	816	建立	539
创业	1853	研究	814	项目	507
科技	1628	就业	723	平台	482
发展	1376	资源	610	体系	472
企业	1332	政策	595	重点	465
服务	1111	投资	587	管理	457

内蒙古自治区支持众创空间的相关政策文本的词频统计显示，其倾向于对创业、创新、科技、发展、企业、服务、建设、研究、就业、资源等方面进行支持，与投入产出效率中的投入指标进行类比，更具备实质性指向的词语为“技术”“科技”“服务”“研究”“就业”，这反映出表现优秀的内蒙古自治区在众创空间的发展过程中更为注重对科技服务和教育环境的打造。

二、北京市众创空间支持政策词频统计

本部分共整理北京市支持众创空间政策文本114篇，总文本字数为427073字。通过ROST CM6内容挖掘软件进行分词、词频统计，随后按照词频数量进行排名，将排名前21位的高频词整理成表，如表8－5所示。

表8－5 北京市政策高频词汇统计

高频词汇	词频	高频词汇	词频	高频词汇	词频
企业	4060	创业	1602	示范区	1020
创新	2386	科技	1340	人才	912
中关村	2369	管理	1210	给予	857
资金	2175	技术	1203	组织	766
服务	2167	发展	1177	金融	702
机构	1805	投资	1132	办法	700
项目	1669	建设	1121	申请	667

北京市支持众创空间发展的政策文本的词频统计显示，其更注重地区“创新”能力的培养与发展，具备实质倾向性的高频词包括“资金”“服务”“项目”“科技”，这间接表明北京市的政府政策对于创新创业发展的资金支持给予了更多关注，这在政策工具类型划分结果中也得到了印证。

第六节 政策对比分析结果

一、政策工具类型整体分布一致，明确程度不同

经对比，内蒙古自治区和北京市两个地区的政策分布数量由高到低均为环境型政策工具、供给型政策工具、需求型政策工具。这说明目前两地区对于众创空间发展的相关政策都更多侧重于提供良好的发展环境，包括融资环境、服务环境、教育环境、策略性规划等。

但在政策工具类型的统计过程中，通过对两地区的政策阅读，研究发现内蒙古自治区的政策条文更为具体，指向性更为明确，可操作性更强，而北京市的政

策条文则更偏向指导性，这一点也可以通过内蒙古自治区的政策条文的平均字数远远超过北京市政策条文的平均字数来展现，如表 8－6 所示。

表 8－6　两地区政策文本统计

地区	政策文件数量（件）	政策文本总字数（字）	政策文本平均字数（字）
内蒙古自治区	41	295358	7230.85
北京市	114	427073	3746.25

二、环境型政策工具层面

在两省份的政策文件中，均为环境型工具占比最高，如图 8－1、图 8－2 所示，其中又均以融资支持环境居于首位，这说明两地政府都较为重视为众创空间提供优越的投融资环境，这与众创空间正处于初级发展阶段是分不开的，良好的投融资环境对于众创空间的前期发展起到重要作用。

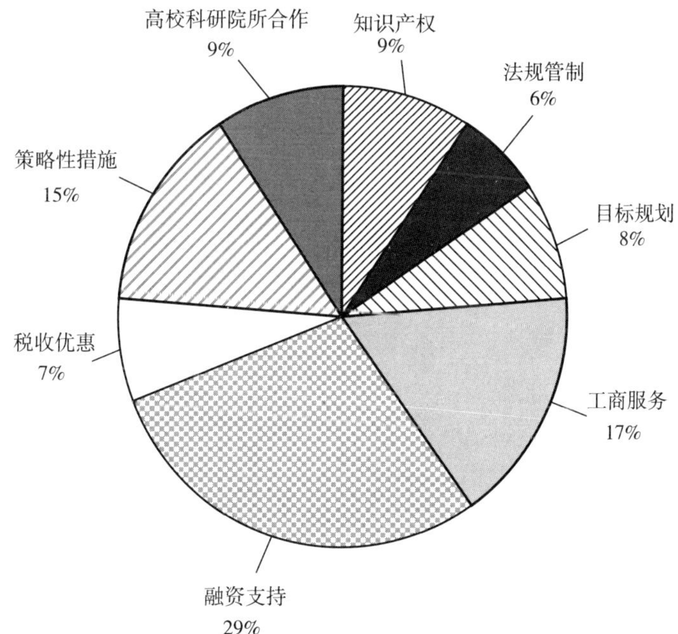

图 8－1　内蒙古环境型政策工具分类

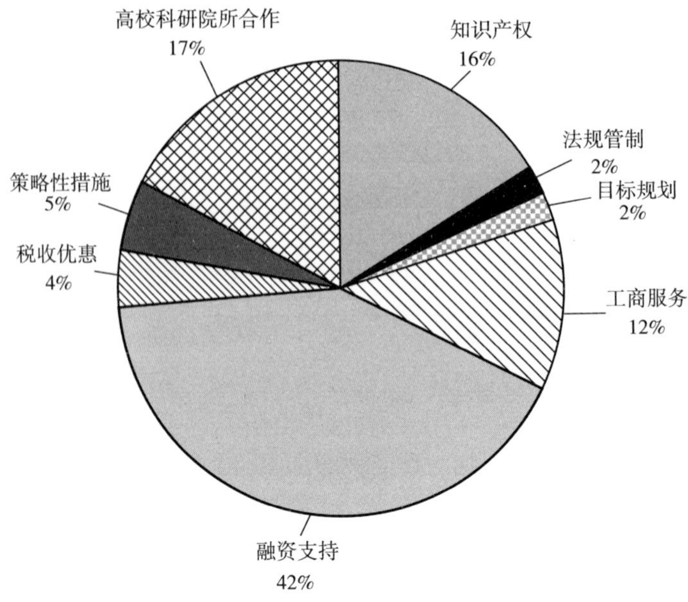

图8－2　北京市环境型政策工具分类

三、供给型政策工具层面

如图8－3和图8－4所示，在供给型政策工具中，内蒙古自治区的科技信息支持工具占比最高，北京市的资金投入工具占比最高。由此可说明北京市政府对于众创空间的资金扶持政策较多，而内蒙古更加注重科技投入。在高频词的统计中，内蒙古自治区的首要实质高频词为“技术”也佐证了这一点。这侧面说明科技投入更有助于投入产出效率的提高，而政府对于众创空间较多的资金支持不一定产生较高的效率结果，需要注意资金的使用是否得到预期结果，以免出现资源冗余。另外，内蒙古自治区和北京市的人才激励类型政策占比第三，相关投入也较高，说明吸引和培育创新人才对于提高众创空间的投入产出效率也较为有效。

总结来说，北京市在资金投入、人才激励、科技信息支持三方面投入较多且较为均衡，表现良好。结合表现较好的内蒙古自治区的经验，可适当加大科技信息支持和人才激励方面的扶持，为众创空间的发展提供更多的科技助力和创新创业人才资源，有利于提升众创空间自身的创新能力。随着众创空间的逐渐发展和成熟，可适当减少直接的资金投入。

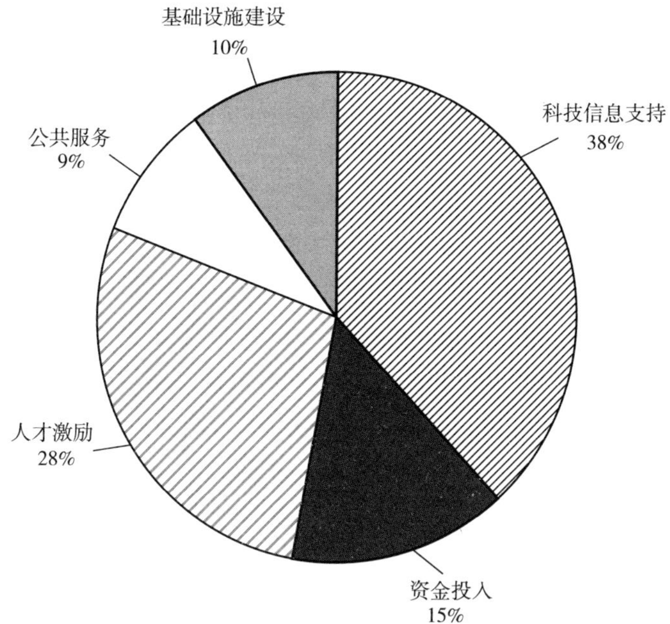

图 8－3　内蒙古供给型政策工具分类

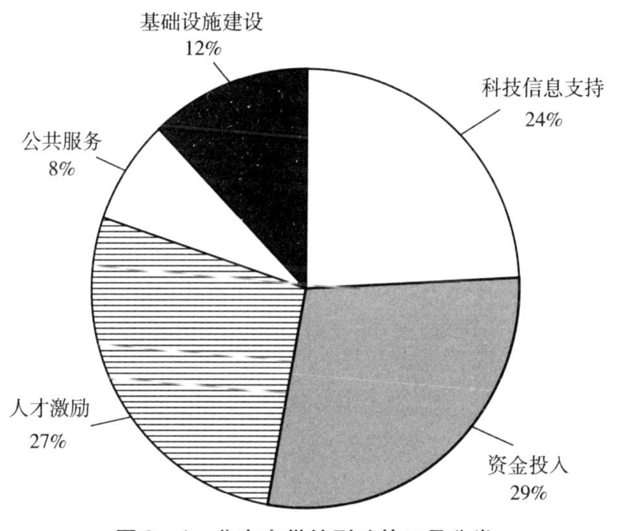

图 8－4　北京市供给型政策工具分类

四、需求型政策工具层面

如图 8－5 和图 8－6 所示，与北京相比，在内蒙古自治区需求型工具中，示范工程占比较高，具体表现为内蒙古自治区大力推广众创空间示范园区、科技创新园区等，这说明内蒙古自治区的政策更加注重树立典型示范区以激励众创空间自身提高投入产出效率。这一点可以为北京市众创空间的发展提供借鉴，适当加大示范工程政策类型的支持力度，通过树立创新创业典型来激发地区的创新创业活力。

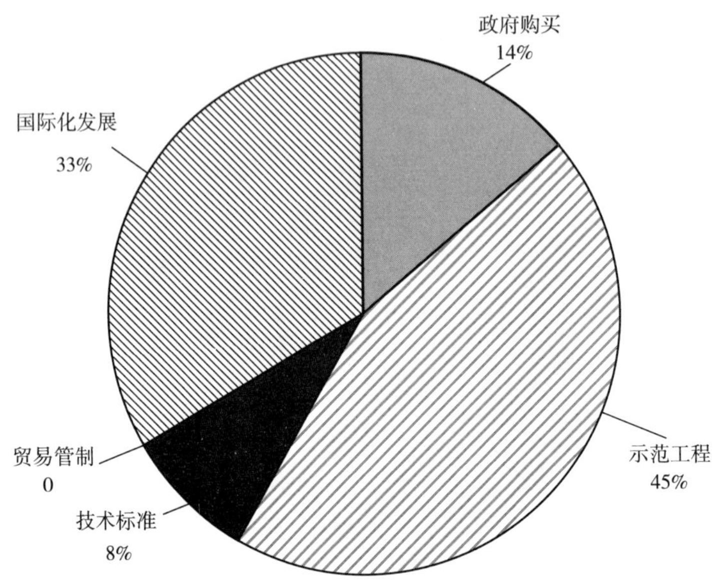

图 8－5　内蒙古需求型政策工具分类

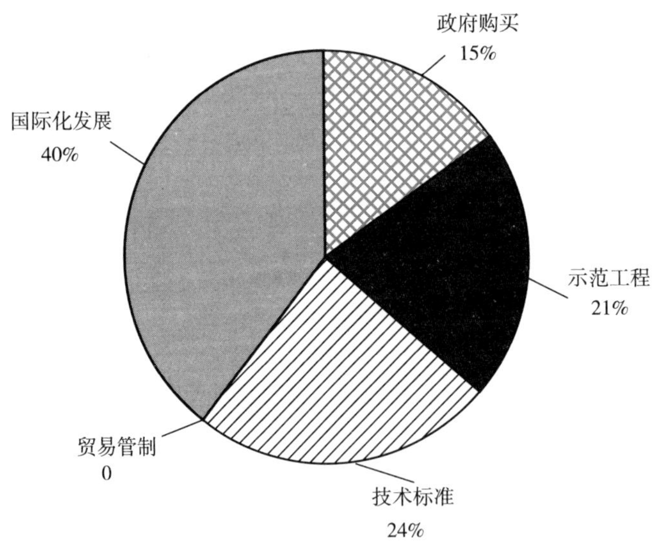

图 8－6　北京市需求型政策工具分类

第七节　本章小结

本章选择内蒙古自治区和北京市进行政策文本分析，以对第七章的研究结果进行不同视角的辅助说明，从而为后续提出政策建议提供更明确的思路，主要结论如下：

首先，政策分析结果确认了地区教育环境对于众创空间发展的作用，故在后续众创空间的政策中，需要重视地区教育环境的培育。人才是众创空间提升各项效率的重要动力，各地区高校提供的人才数量和质量都直接影响到该地区众创空间的技术效率。因此，北京市应注重各高校的创新创业环境打造，努力搭建校企合作平台，充分调动人才智库的作用。一方面通过设置创新创业课程，打造创业项目，培养创业人才、高素质服务人才、更契合创业环境的导师等；另一方面利用高校提供的便捷的科研资源和人才资源，产学研相结合，提升高校的创业转化能力，尤其需要重视科技人员的创业管理培训，为众创空间的发展营造良好的教育环境。

其次，科技服务水平是影响众创空间技术效率的重要因素，我国政府应注重众创空间发展过程中的技术引领作用，为创业者提供地区信息红利，如免费开放知识信息数据、提供科技共享设备等，发挥信息集聚效应，从而激发空间内主体的创新创业潜能，帮助其提高纯技术效率。同时政府应致力于为众创空间营造良好的文化环境和创新环境，滋养创业主体的科技能力和研发能力。

再次，政府是众创空间的发起者和掌舵人，对于众创空间的发展起到战略指导作用。两地区政策分析结果告诉我们，随着众创空间的逐步发展，政府应意识到单纯地向众创空间提供资金并不一定会提高众创空间的投入产出效率，金融市场环境不佳将导致众创空间后续运行效率不佳，因此，本书建议北京市深化融资服务，鼓励社会投资。第一，支持以专利权、著作权等知识产权出资设立创业团队，盘活企业资产，帮助初创业企业解决融资难的问题；第二，支持银企对接平台的建设，鼓励启用企业信用信息公示制度，对企业的登记信息、年报数据等情况进行公示，同时评选“守信重约”的创业企业典型，为其提供更多放贷便利；第三，激发和调动民间资本参与，鼓励市场投资机构设立众创空间专项基金，拓宽初创团队融资渠道。

最后，细化指导政策，发挥典型示范带头作用。一方面，内蒙古自治区的政策条文较为具体、指向性比较明确、可操作性也较强，北京市政府可充分借鉴这一点，在众创空间政策制定时，对于支持标准进行细化和明确，为众创空间内的创业者们提供具体的服务支持，将工商、税务、人社、科技等政府职能有效延伸至众创空间，提供多方面的指导服务；另一方面，内蒙古自治区的需求型政策中关于鼓励示范区发展的条例较多，具体表现为内蒙古自治区大力推广众创空间示范园区、科技创新园区等，这说明内蒙古自治区的政策更加注重树立典型示范以激励众创空间自身提高投入产出效率，这一点可以为北京市的众创空间发展提供借鉴，北京市可以采用以奖代补的方式给予政策和资金上的支持，充分发挥优秀众创空间的带头作用。

第九章　结论与展望

第一节　主要结论

“大众创新、万众创业”是当下备受社会关注的一个热点主题，而众创空间作为践行“大众创新、万众创业”的主要方式，受到了学术界和产业界的广泛关注和研究。本书以众创空间为研究对象，从文献计量、发展状况、商业模式运行机制、地理集聚效应和各省份众创空间效率的视角进行了深入的研究。

本书的主要结论如下：

一、众创空间的学术研究发展状况

通过文献计量可知，关于众创空间的相关理论研究比较单薄，关于众创空间的定义、内涵以及特征等概念，仍然没有形成一套系统的理论研究体系。国内众创空间存在研究领域较窄、缺乏理论支撑以及研究内容关联度较差等问题。

二、众创空间的产业发展状况和商业模式分析

在数量方面，我国各区域众创空间的数量在 2016 ~ 2019 年均呈逐年增长趋势，其中我国东部地区众创空间的数量远高于其他区域，东北地区增速较为缓慢。在创业团队方面，我国众创空间具有创业人数增速快、创业人员趋于成熟的特征。在投资方面，在 2016 ~ 2019 年，我国众创空间享受的财政资金支持额总量在不断上升，同时我国对于单个众创空间的财政资金支持额呈现下降趋势，这说明政府已经逐渐鼓励投融资市场环境对于众创空间的资金支持，并减少对于众创空间的纯资金投入。

目前国内众创空间主要可以划分为六种商业模式：企业平台型众创空间、“天使 + 孵化”型众创空间、开放空间型众创空间、媒体依托型众创空间、垂直

产业型众创空间和高校合作型众创空间。根据亚历山大的商业模式理论，各众创空间商业模式的侧重点各不相同。

三、众创空间的系统特征和运行机制研究

众创空间生态系统的参与成员包括创客、众创平台、科研院所、中介服务机构、投资机构和政府部门；众创空间的结构包括参与者网络、众创空间平台和外部环境；众创空间生态系统具有“众”、开放性、众创文化等特征；众创空间的运行机制包含四个核心机制：供给机制、需求机制、催化机制和协调机制。

四、众创空间集聚和影响因素研究

（1）我国众创空间自2015年蓬勃发展以来，经过百花齐放到重点突出再到核心极发展，由全国爆发转变为京津冀—青岛—长三角—厦门—珠三角的倒C形结构和中部成都—西安—武汉的三角形结构，又转变为集聚至京津冀、长三角、珠三角地区。其完全集中于创新创业要素最为密集的三个区域，而其他地区在演化过程中逐渐掉队。

（2）众创空间的发展有利于优化地区创新创业环境，吸引创业者可持续发展，培育税源，弥补中国各省份经济发展不平衡情况，发挥“长尾效应”作用，但并没有很大程度地改善众创空间分布不均的情况，众创空间的集聚依然分布在中国创新创业活力较好的区域，且随着时间变化呈现出集聚度进一步增大的情况。

（3）泊松回归结果显示，地区政策、人力资本、金融环境、基础设施环境对众创空间集聚具有显著影响。

五、众创空间投入产出效率研究

我国各个省份众创空间的投入产出效率差异较大。环境因素对于众创空间的效率存在影响，技术效率的提升更多在于规模效率。这一现状一方面对各地区众创空间自身的管理水平和资源配置水平提出了要求，另一方面也侧面体现了政府对于众创空间起到的扶持作用，同时回归结果对众创空间保持高技术水平服务提出了要求。

六、典型地区众创空间政策分析

政策分析结果确认了地区教育环境对于众创空间发展的作用，故后续众创空

间的政策需要重视地区教育环境的培育。科技服务水平是影响众创空间技术效率的重要因素，我国政府应注重众创空间发展过程中的技术引领作用，为创业者提供地区信息红利。政府是众创空间的发起者和掌舵人，对于众创空间的发展起到战略指导作用。随着众创空间的逐步发展，政府应意识到单纯地向众创空间提供资金并不一定会提高众创空间的投入产出效率，金融市场环境不佳将导致众创空间后续运行效率不佳，因此，本书建议北京市深化融资服务，鼓励社会投资，要细化指导政策，发挥典型示范带头作用。

第二节　主要贡献

本书的研究在以下几个方面具有一定的贡献：

一是本书基于知识图谱可视化软件 CiteSpace，从作者、研究机构等方面系统地对国内众创空间的研究进展进行分析，绘制了众创空间网络图谱。

二是本书对众创空间的产业状况进行统计，并对其类型与商业模式划分进行了梳理，基于此，提出了众创空间的六种模式，详细阐释了六种模型的核心要点，并使用亚历山大的商业模式理论，从目标客户、价值内涵、传送渠道、客户关系、收入流、关键资源、关键活动、关键伙伴和成本结构九个角度对六种模式进行了对比分析。

三是本书构建了由参与者网络、众创空间平台和外部环境三个部分组成的众创空间生态系统概念模型，为众创空间的成员和结构研究提供新的研究思路和研究视角，并剖析众创空间的内涵及特征，最后在此基础上分析众创空间生态系统运作机制。结果发现众创空间是一个由多主体参与的创新生态系统，众创空间的运作模式包含供给机制、需求机制、催化机制和协调机制四个核心机制。

四是本书基于国家级众创空间数据构建众创空间微观地理数据库，使用最邻近指数法、核密度分析法对众创空间地理集聚演化进行分析，运用区域基尼系数、赫芬达尔指数等六种指数对我国众创空间地理集聚进行测量，运用区位熵、莫兰指数对众创空间集聚溢出效应进行检验，运用泊松分布回归、负二项回归对影响众创空间集聚因素进行实证检验。

五是本书选用三阶段 DEA 模型对我国 30 个省份的众创空间的投入产出效率进行评价，同时利用 Tobit 模型对影响其效率的因素进行探究。

六是本书基于效率分析结果，选择内蒙古自治区和北京市进行创新创业政策文本对比分析，从而对重点提及的影响因素做深入分析，从政府政策角度寻找提升众创空间效率的策略。

第三节　局限性与展望

一、研究不足

本书针对众创空间这一研究热点，从理论和实证的视角探究了众创空间的研究特点、运行模式、运行效率、地理集聚效应以及众创网络。但由于众创空间的相关研究还处于初级阶段，相关理论研究还不成熟，再加上时间等方面的限制，本书的研究还存在一些不足之处。

一是效率评价缺乏动态分析。受限于众创空间较短的发展时间，目前可获得的众创空间相关数据不足以进行众创空间的动态分析评价，但是在未来就可以通过动态分析来研究众创空间的变化趋势，从而对研究重点有更深入的了解。

二是数据来源均为官方统计数据。在各部分的分析中，研究所依据的数据均为官方统计年鉴，而对于具体地区的典型众创空间缺乏实地调查，这使得本书更多地关注宏观层面的众创空间发展，对于微观层面的具体调查还有待补充。

二、研究展望

学术界对众创空间的研究还落后于众创空间的产业发展，还有许多值得研究和亟待解决的问题。具体来讲，未来在以下几个方面还可以进一步进行研究。

一是众创空间各主体参与行为的研究。创客、投资者、科研院所、中介机构等是众创空间的主要参与者，其参与动机是什么、会受到哪些因素的影响，以及各自的行为对创新创业活动产生影响的路径和作用机理等问题是值得研究的方向。深入理解各参与主体的参与行为和动机，有利于众创空间的持续健康发展。

二是众创空间在国家创新体系中的地位研究。除了众创空间，现有的国家创新体系中还包括科技孵化器、加速器、国家高新区等内容。因此，对于众创空间在整个国家创新体系中的定位，以及众创空间与这些创新主体之间的关系是一个重大的研究课题。深入研究众创空间在国家整个创新体系中的地位，对于重新构建和完善国家创新体系、进一步推动国家经济发展有重大意义。

三是众创空间相关衍生问题研究。众创空间在发展过程中衍生出的相关问题也是值得研究的方向。如创业过程中的投融资问题、知识产权的保护问题、政府对众创空间的政策支持等一系列衍生问题还亟待研究。

进一步加强对众创空间相关问题的研究，有利于加深对众创空间的认识和理解、推动众创空间持续发展，使众创空间能够更好地服务于国家创新创业的宏观战略，从而推动经济的健康可持续发展。

参考文献

［1］白俊红、王钺：《研发要素的区际流动是否促进了创新效率的提升》，载《中国科技论坛》2015年第12期。

［2］保罗·萨缪尔森：《经济学》，商务印书馆2014年版。

［3］蔡莉、彭秀青、Satish Nambisan、王玲：《创业生态系统研究回顾与展望》，载《吉林大学社会科学学报》2016年第1期。

［4］蔡义茹、蔡莉、杨亚倩、卢珊：《创业生态系统的特性及评价指标体系——以2006~2015年中关村发展为例》，载《中国科技论坛》2018年第6期。

［5］曹钰华、王书蓓、李晶：《创业生态系统视角下众创空间集聚区发展模式研究》，载《科技和产业》2019年第3期。

［6］晁菲梦：《地方政府行为对区域创新效率的影响》，南京审计大学硕士学位论文，2018年。

［7］陈德金：《国外众创空间商业模式比较分析与经验启示》，载《科学管理研究》2017年第3期。

［8］陈锦其、徐霭婷：《众创空间集聚的连续空间测度和影响因素分析》，载《商业经济与管理》2018年第3期。

［9］陈夙、项丽瑶、俞荣建：《众创空间创业生态系统：特征、结构、机制与策略——以杭州梦想小镇为例》，载《商业经济与管理》2015年第11期。

［10］陈锡林：《新零售背景下生鲜超市运营模式探析》，南京大学硕士学位论文，2018年。

［11］陈曦、朱建华：《中国制造业产业间协同集聚的区域差异及其影响因素》，载《经济地理》2018年第12期。

［12］陈悦、陈超美、刘则渊、胡志刚、王贤文：《CiteSpace知识图谱的方法论功能》，载《科学学研究》2015年第2期。

［13］陈悦：《引文空间分析原理与应用：CITESPACE实用指南》，科学出版社2014年版。

[14] 陈章旺、孙湘湘、柯玉珍：《众创空间产业效率评价研究》，载《福州大学学报（哲学社会科学版）》2018年第1期。

[15] 陈震红、董俊武、刘国新：《创业理论的研究框架与成果综述》，载《产经评论》2004年第9期。

[16] 池丽华、魏拴成：《众包的发展以及构建众包商业模式应遵循的原则》，载《管理观察》2011年第27期。

[17] 单鹏、裴佳音：《众创空间绩效评价指标体系构建与实证》，载《统计与决策》2018年第20期。

[18] 段琪、麦晴峰、汪波、张宇：《基于扎根理论的高校科技创业生态系统研究》，载《科学学与科学技术管理》2015年第11期。

[19] 付群英、刘志迎：《大众创新：内涵与运行模式》，载《科学学与科学技术管理》2016年第2期。

[20] 付志勇：《面向创客教育的众创空间与生态建构》，载《现代教育技术》2015年第5期。

[21] 顾伟男、申玉铭：《我国中心城市科技创新能力的演变及提升路径》，载《经济地理》2018年第2期。

[22] 郭文武：《"众创空间"发展中的财税政策》，载《金融博览（财富）》2016年第6期。

[23] 郭璇：《众创空间的创意共享机制研究——信息共享理论的视角》，载《编辑之友》2015年第11期。

[24] 韩增林、李彬、张坤领、李璇：《基于CiteSpace中国海洋经济研究的知识图谱分析》，载《地理科学》2016年第5期。

[25] 郝君超、张瑜：《国内外众创空间现状及模式分析》，载《科技管理研究》2016年第18期。

[26] 何悦、苏瑞波、刘长虹：《广东省众创空间发展政策文本量化研究——基于政策工具视角》，载《科技创业月刊》2017年第15期。

[27] 侯晓、金鑫、吴靖：《CAS视角下的众创空间特征及运作机制研究》，载《情报杂志》2016年第35期。

[28] 侯晓：《众创空间优化路径研究——基于结构方程模型的实证分析》，中央财经大学硕士学位论文，2017。

[29] 胡京飞、彭屹松：《众创空间与高校创业教育的共生机制研究》，载《现代经济信息》2019年第5期。

[30] 黄欢：《面向众创空间的风险投资与企业成长协同作用研究》，中央财经大学硕士学位论文，2018。

[31] 黄培伦、尚航标、李海峰：《组织能力：资源基础理论的静态观与动态观辨析》，载《管理学报》2009 年第 8 期。

[32] 黄彦菁、孙丽江：《众创空间创新创业服务平台建设的金融支持体系研究》，载《改革与战略》2015 年第 11 期。

[33] 贾天明、雷良海、王茂南：《众创空间生态系统：内涵、特点、结构及运行机制》，载《科技管理研究》2017 年第 11 期。

[34] 姜琳琳：《辽宁省科技创新政策实施效果评价研究》，沈阳理工大学硕士学位论文，2010 年。

[35] 蒋靖国：《“互联网 +”运营：众创空间发展新趋势》，载《科技创业月刊》2017 年第 23 期。

[36] 凯瑟琳·杜恩：《MIT 创业生态系统》，载《中国孵化器》2009 年第 9X 期。

[37] 科技部火炬中心：《科技部关于公布 2017 年度国家备案众创空间的通知》，2017 年 12 月 25 日。

[38] 科技部火炬中心：《科技部关于公布第二批众创空间的通知》，2016 年 2 月 15 日。

[39] 科技部火炬中心：《科技部关于公布第三批众创空间的通知》，2016 年 9 月 29 日。

[40] 科技部火炬中心：《科技部火炬中心关于公示第一批众创空间的通知》，2015 年 11 月 19 日。

[41] 科技部火炬中心：《关于公布国家备案众创空间名单的通知》，2018 年 10 月 29 日。

[42] 科技部火炬中心：《科技部火炬中心关于公布 2019 年度国家备案众创空间复核结果的通知》，2019 年 11 月 18 日。

[43] 科学技术部火炬高技术产业开发中心：《中国火炬统计年鉴》，中国统计出版社 2017 年版。

[44] 科学技术部火炬高技术产业开发中心：《中国火炬统计年鉴》，中国统计出版社 2018 年版。

[45] 科学技术部火炬高技术产业开发中心：《中国火炬统计年鉴》，中国统计出版社 2019 年版。

[46] 孔令兵、宋伟：《面向“众创”的创新生态系统构建策略》，载《中国高校科技》2016 年第 4 期。

[47] 郎宇洁：《基于长尾理论面向“众包”的信息服务模式研究》，载《情报科学》2012 年第 10 期。

[48] 劳慧敏、邓丹青、王世锋、张军歌：《基于 DEA 方法的浙江省众创空间运行效率评价》，载《科技通报》2019 年第 2 期。

[49] 李洪伟、任娜、陶敏、姜秀娟：《基于三阶段 DEA 的我国高新技术产业投入产出效率分析》，载《中国管理科学》2012 年第 S1 期。

[50] 李林汉、王宏艳、田卫民：《基于三阶段 DEA – Tobit 模型的省际科技金融效率及其影响因素研究》，载《科技管理研究》2018 年第 2 期。

[51] 李小燕、施敏、李荣德：《“双创”环境下基于“互联网 +”的科技服务模式研究》，载《科技创业月刊》2017 年第 19 期。

[52] 李燕萍、陈武：《基于扎根理论的众创空间发展质量评价结构维度与指标体系开发研究》，载《科技进步与对策》2017 年第 24 期。

[53] 李迎迎：《基于博硕论文的我国 LIS 研究主题变化趋势》，载《情报科学》2016 年第 9 期。

[54] 李志刚、谷锦锦：《“互联网 +”背景下众创空间的运行机制构建》，载《中国集体经济》2019 年第 26 期。

[55] 厉以宁：《经济学的伦理问题——效率与公平》，载《经济学动态》1996 年第 7 期。

[56] 梁立明：《“遍地开花”与“有店无客”并存——从十大关键词了解众创空间发展现状》，载《中国战略新兴产业》2016 年第 7 期。

[57] 林嵩：《创业生态系统：概念、发展与运行机制》，载《中央财经大学学报》2011 年第 4 期。

[58] 刘畅、张力：《众创空间的问题及对策研究》，载《商》2016 年第 27 期。

[59] 刘春晓：《创新 2.0 时代：众创空间的现状、类型和模式》，载《互联网经济》2015 年第 8 期。

[60] 刘帆：《南昌市众创空间创业生态系统的优化研究》，江西财经大学硕士学位论文，2019 年。

[61] 刘满凤、李圣宏：《基于三阶段 DEA 模型的我国高新技术开发区创新效率研究》，载《管理评论》2016 年第 1 期。

［62］刘芹良、解学芳：《基于 Citespace 的国内外众创空间可视化研究：进展与演变》，载《经济与社会发展》2016 年第 6 期。

［63］刘泽：《基于 CiteSpace 的图书馆构建“众创空间”的文献计量与可视化分析》，山西医科大学硕士学位论文，2017 年。

［64］刘志阳：《众创空间创业型社会新群落》，社会科学文献出版社 2017 年版。

［65］刘志迎、陈青祥、徐毅：《众创的概念模型及其理论解析》，载《科学学与科学技术管理》2015 年第 2 期。

［66］刘忠艳、赵永乐、王斌：《1978～2017 年中国科技人才政策变迁演进》，载《中国科技论坛》2018 年第 2 期。

［67］吕力、李倩、方竹青、乔辉：《众创、众创空间与创业过程》，载《科技创业月刊》2015 年第 10 期。

［68］罗珉、曾涛、周思伟：《企业商业模式创新：基于租金理论的解释》，载《中国工业经济》2005 年第 7 期。

［69］马昀：《资源基础理论的回顾与思考》，载《经济管理》2001 年第 12 期。

［70］裴蕾、王金杰：《众创空间嵌入的多层次创新生态系统：概念模型与创新机制》，载《科技进步与对策》2018 年第 6 期。

［71］祁明、钟玮仪：《众创空间综合服务能力探讨及其三维评价标准的构建》，载《现代商业》2019 年第 1 期。

［72］钱颖一：《对效率重要性的理解往往是不够的》，载《北京日报》2017 年 4 月 17 日。

［73］秦晓楠、卢小丽、武春友：《国内生态安全研究知识图谱——基于 Citespace 的计量分析》，载《生态学报》2014 年第 13 期。

［74］邱进友：《众创空间：图书馆未来空间设置的方向》，载《图书与情报》2015 年第 5 期。

［75］任兴旺、王猛、刘凯：《众创空间绩效评价指标体系研究》，载《创新与创业教育》2019 年第 1 期。

［76］时丹丹、嵇国平：《基于 BP 人工神经网络的工艺创新科技政策评价》，载《统计与决策》2011 年第 16 期。

［77］孙阳春、范智勇：《基于人工神经网络的地区高等教育水平评价》，载《宁波大学学报（教育科学版）》2012 年第 3 期。

［78］唐凯、翟国方：《南京市众创空间时空分布格局及演化机制研究》，载《现代城市研究》2019年第4期。

［79］陶秋香、涂继亮、舒长江：《论创新创业教育背景下江西省地方高校的科技创新服务功能》，载《科技管理研究》2019年第1期。

［80］田剑、尹祥信：《基于省域数据的众创空间运行效率及其空间关联分析》，载《江苏科技大学学报（社会科学版）》2019年第2期。

［81］田颖，田增瑞，赵袁军：《H－S－R三维结构视角下众创空间智力资本协同创新对创客创新绩效的影响》，载《科技进步与对策》2018年第8期。

［82］童纪新、曹越美：《我国"一带一路"区域科技金融效率及影响因素研究——基于三阶段DEA与Tobit模型》，载《当代经济管理》2019年第6期。

［83］投中研究院：《众创空间在中国：模式与案例》，载《国际融资》2015年第6期。

［84］汪凯、李更、胡伟、范文：《基于科技情报视角的众创空间信息服务需求及对策研究》，载《情报探索》2017年第4期。

［85］汪群：《众创空间创业生态系统的构建》，载《企业经济》2016年第10期。

［86］王波、彭亚利：《再造商业模式》，载《IT经理世界》2002年第7期。

［87］王国华：《互联网时代"众创空间"构建的理念与方法》，载《北京联合大学学报（人文社会科学版）》2016年第2期。

［88］王缉慈：《地方产业群战略》，载《中国工业经济》2002年第3期。

［89］王钧叶：《郑州市众创空间创业生态系统运行机制与评价研究》，南昌航空大学硕士学位论文，2018年。

［90］王涛：《华夏众创空间发展战略研究》，北京理工大学硕士学位论文，2016年。

［91］王佑镁、叶爱敏：《从创客空间到众创空间：基于创新2.0的功能模型与服务路径》，载《电化教育研究》2015年第11期。

［92］王占仁、刘海滨、李中原：《众创空间在高校创新创业教育中的作用研究——基于全国6个城市25个众创空间的实地走访调查》，载《思想理论教育》2016年第2期。

［93］王兆丰、侯立丽：《高校众创空间模式浅析》，载《河北企业》2016年第10期。

［94］卫军朝、蔚海燕：《基于CiteSpaceⅡ的数字图书馆研究热点分析》，载

《图书馆杂志》2011 年第 4 期。

［95］吴其川、施勇峰、胡俠：《企业孵化器运作的国内外经验借鉴》，载《杭州科技》2004 年第 3 期。

［96］伍虹儒、官建成：《科研人员创新创业政策评价研究——以上海张江与天津滨海为分析对象》，载《技术经济与管理研究》2018 年第 2 期。

［97］武丽娜：《众创空间的基本模式研究》，载《现代商业》2016 年第 17 期。

［98］向永胜、古家军：《基于创业生态系统的新型众创空间构筑研究》，载《科技进步与对策》2017 年第 22 期。

［99］项国鹏、宁鹏、罗兴武：《创业生态系统研究述评及动态模型构建》，载《科学学与科学技术管理》2016 年第 2 期。

［100］肖志雄：《众创空间知识生态环境与知识共享机制研究》，载《图书馆学研究》2016 年第 21 期。

［101］解学芳、刘芹良：《创新 2.0 时代众创空间的生态模式——国内外比较及启示》，载《期科学学研究》2018 年第 4 期。

［102］熊彼特·约瑟夫·阿洛伊斯：《经济发展理论》，商务印书馆 1999 年版。

［103］徐广林、林贡钦：《公众参与创新的社会网络：创客文化与创客空间》，载《科学学与科学技术管理》2016 年第 2 期。

［104］徐婧、房俊民、唐川、田倩飞、王立娜：《Fab Lab 发展模式及其创新生态系统》，载《科学学研究》2016 年第 5 期。

［105］徐示波：《基于政策工具视角下众创空间发展政策研究》，载《中国科技论坛》2019 年第 6 期。

［106］徐芸、赵沛琪、陈佩杉：《创业生态视域下众创空间的要素构成与耦合机制——基于浙江省梦想小镇的案例分析》，载《国际公关》2019 年第 7 期。

［107］许慧珍：《平台视角下众创空间商业模式研究》，载《商业经济研究》2017 年第 13 期。

［108］严旭、鲁德银：《众创空间发展策略探析》，载《商业经济研究》2016 年第 7 期。

［109］颜振军、侯寒：《中国各省份科技企业孵化器运行效率评价》，载《中国软科学》2019 年第 3 期。

［110］晏双生、章仁俊：《企业资源基础理论与企业能力基础理论辨析及其

逻辑演进》，载《科技进步与对策》2005 年第 5 期。

[111] 杨春华：《资源概念界定与资源基础理论述评》，载《科技管理研究》2008 年第 8 期。

[112] 杨海珍：《我国科技企业孵化器运行效率及其影响因素研究》，西安电子科技大学硕士学位论文，2017 年。

[113] 杨海真、陈光华：《基于 DEA 模型的众创空间创新创业效率及投入冗余比较研究》，载《工业技术经济》2017 年第 9 期。

[114] 杨荣：《创新生态系统的界定、特征及其构建》，载《科学与管理》2014 年第 3 期。

[115] 应辉辉：《县级城市众创空间发展与环境优化研究——以瑞安市为例》，载《今日科技》2016 年第 9 期。

[116] 余红伟、胡德状：《中国区域制造业质量竞争力测评及影响因素分析》，载《管理学报》2015 年第 11 期。

[117] 余文博：《"互联网 +" 背景下众创空间的本土化发展路径》，载《中外企业家》2017 年第 21 期。

[118] 虞莘桐、高若颖、蒋力：《"众创空间" 国内相关研究综述及展望》，载《中国集体经济》2017 年第 14 期。

[119] 袁红、许秀玲：《基于 Web of Science 的信息资源管理研究的知识图谱分析》，载《情报杂志》2012 年第 12 期。

[120] 张波：《中国信息化对工业企业技术创新效率的影响研究》，中央财经大学博士学位论文，2016 年。

[121] 张大权：《众创空间商业模式研究》，吉林大学硕士学位论文，2017 年。

[122] 张健、姜彦福、林强：《创业理论研究与发展动态》，载《经济学动态》2003 年第 5 期。

[123] 张静进、陈光华：《基于 DEA 模型的众创空间创新创业效率及投入冗余比较研究》，载《工业技术经济》2019 年第 9 期。

[124] 张娜：《众创空间——互联网 + 时代本土化的创客空间》，载《科协论坛》2015 年第 10 期。

[125] 张爽：《企业科技创新团队建设的案例剖析与对策建议》，载《中国人力资源开发》2012 年第 10 期。

[126] 张玉利、白峰：《基于耗散理论的众创空间演进与优化研究》，载《科学学与科学技术管理》2017 年第 1 期。

［127］张育广：《高校众创空间的运行机制及建设策略——以广东工业大学国家级创客空间为例》，载《科技管理研究》2017 年第 13 期。

［128］张昭：《基于 Citespace 的商务智能研究热点与前沿可视化分析》，载《情报探索》2012 年第 2 期。

［129］张志宏：《中国的众创、众筹、众包、众扶平台》，科学技术文献出版社 2017 年版。

［130］赵子夜、杨庆、陈坚波：《通才还是专才：CEO 的能力结构和公司创新》，载《管理世界》2018 年第 2 期。

［131］郑文晖：《文献计量法与内容分析法的比较研究》，载《情报杂志》2006 年第 5 期。

［132］钟耕深、朱雅杰：《基于众包的商业模式优化》，中国管理学年会会议论文，2010 年。

［133］周立群、刘根节：《由封闭式创新向开放式创新的转变》，载《经济学家》2012 年第 6 期。

［134］朱冰、张晓亮、郑晓佳：《多个大股东与企业创新》，载《管理世界》2018 年第 7 期。

［135］邹发伟：《市场化是发展众创空间的必然途径》，载《商》2016 年第 5 期。

［136］Afuah A.，*Internet business models and strategies：text and cases.* Mcgraw – Hill，2002，pp. 32 –33.

［137］Ahuja G.，Collaboration networks，structural holes，and innovation：a longitudinal study. *Administrative Sciences Quarterly*，Vol. 45，No. 3，2000，pp. 425 – 455.

［138］Alonso W.，*Location and land use. Toward a general theory of land rent.* Cambridge：Harward University Press，1964.

［139］Amit R.，Zott C.，Value creation in e-business. *Strategic Management Journal*，Vol. 22，No. 6/7，2001，pp. 493 –520.

［140］Arrow K.，*Economic welfare and the allocation of resources for invention. In the rate and direction of inventive activity*，NJ：Princeton University Press，1998.

［141］Baglieri D.，Baldi F. and Tucci C. L.，University technology transfer office business models：one size does not fit all. *Technovation*，No. 76，2018，pp. 51 –63.

［142］Banker R. D.，Charnes A.，Cooper W. W.，et al.，*A comparison of*

DEA and translog estimates of production frontiers using simulated observations from a known technology. Springer, 1998, pp. 33 –55.

[143] Bauwens M., Mendoza N., Iacomella F., *A synthetic overview of the collaborative economy*. Orange Labs and P2P Foundation, 2012.

[144] Benkler Y., *The wealth of networks: How social production transforms markets and freedom*. New Haven: Yale University Press, 2006.

[145] Chandra A., Chao C. A., Growth and evolution of high-technology business incubation in China. *Human Systems Management*, Vol. 30, No. 1 – 2, 2011, pp. 55 –69.

[146] Charles Leadbeater and Paul Miller, *The pro-am revolution: how enthusiasts are changing our society and economy*. Demos, 2004.

[147] Christaller W., *Die zentralen Orte in Süddeutschland (the central places in southern Germany)*. Jena: Gustav Fischer, 1933.

[148] Cohen E., Theoretical foundations of industrial policy. EIB papers, 2006, 11 (1): 84 –106.

[149] Colette Hoption, Julian Barling and Nick Turner, "It's not you it's me": transformational leadership and self-deprecating humor. *Leadership and Organization Development Journal*, Vol. 1, No. 34, 2013, pp. 27 –39.

[150] David C. Mcclelland, *The achieving society*. Social Science Electronic Publishing, 1961.

[151] Dempsey L., Libraries and the informational future: Some notes 1 2. *Information services & use*, Vol. 32, No. 3 –4, 2012, pp. 203 –214.

[152] Eisenhardt K. M. and Schoonhoven C. B., Organizational growth: linking founding team, strategy, environment, and growth among U. S. semiconductor ventures, 1978 –1988. *Administrative Science Quarterly*, Vol. 35, No. 3, 1990, pp. 504 –529.

[153] Ellen Enkel, Oliver Gassmann and Henry Chesbrough, Open R&D and open innovation: exploring the phenomenon. *R&D Management*, Vol. 39, No. 4, 2009, pp. 311 –316.

[154] Eric Von Hippel, The dominant role of users in the scientific instrument innovation process. *Research policy*, Vol. 5, No. 3, 1976, pp. 212 –239.

[155] Farrell M. J., The measurement of production efficiency. *Journal of the Royal Statistical Society: Series A (General)*, Vol. 120, No. 3, 1957, pp. 253 –281.

[156] Frank H., Knight, *Risk, Uncertainty and Profit.* Houghton Mifflin Company, 1921, pp. 682 - 690.

[157] Fried H O., Accounting for environmental effects and statistical noise in data envelopment analysis. *Journal of Productivity Analysis*, Vol. 17, 2002, pp. 157 - 174.

[158] Garcia - Lopez, "6 strategies for funding a makerspace", www. edutopia. org/blog/6 - strategies - funding - makerspace - paloma - garcia - lopez, 2013.

[159] Harold Hotelling, Stability in competition. *Economic Journal*, Vol. 39, No. 153, 1929, pp. 41 - 57.

[160] Henderson S. M., Progress in developing the thin layer drying equation. *Transactions of the ASAE*, Vol. 17, No. 6, April 1974, pp. 1167 - 1168.

[161] Henry William Chesbrough, *Open innovation: The new imperative for creating and profiting from technology.* Harvard Business Press, 2006.

[162] Hoppmann J., Peters M., Schneider M., et al., The two faces of market support—how deployment policies affect technological exploration and exploitation in the solar photovoltaic industry. *Research Policy*, Vol. 42, No. 4, 2013, pp. 989 - 1003.

[163] Isenberg D. J., How to start an entrepreneurial revolution. *Harvard Business Review*, Vol. 88, No. 6, 2010, pp. 40 - 50.

[164] Jane Jacobs, The Economy of Cities. Random House, 1969, pp. 465.

[165] Jeff Goldenson and Nate Hill, Making room for innovation. *Library Journal*, Vol. 138, No. 9, 2013, pp. 26 - 28.

[166] Kraaijenbrink J., Spender J. C. and Groen A. J., The resource-based view: a review and assessment of its critiques. *Journal of Management*, Vol. 36, No. 1, 2010, pp. 349 - 372.

[167] Joel West and Scott Gallagher, Challenges of open innovation: the paradox of firm investment in open-source software. *R&D Management*, Vol. 36, No. 3, 2006, pp. 319 - 331.

[168] Kera D., NanoSmano lab in Ljubljana: Disruptive prototypes and experimental governance of nanotechnologes in the hackerspaces. *Journal of Science Communication*, Vol. 11, No. 4, 2012, pp. 37 - 49.

[169] Launhardt W., *Die Bestimmung des zweckmäßigsten Standortes einer gewerblichen Anlage.* 1882.

[170] Lawrence Gales and Dina Mansour - Cole, User involvement in innovation projects: toward an information processing model. *Journal of engineering and technology management*, Vol. 12, No. 1, 1995, pp. 77 - 109.

[171] Leanne Bowler and Ryan Champagne, Mindful makers: question prompts to help guide young peoples' critical technical practices in maker spaces in libraries, museums, and community-based youth organizations. *Library and Information Science Research*, Vol. 38, No. 2, 2016, pp. 117 - 124.

[172] Leibenstein H. and Maital S., The organizational foundations of X-inefficiency: a game-theoretic interpretation of Argyris' model of organizational learning. *Journal of Economic Behavior & Organization*, Vol. 23, No. 3, 1994, pp. 251 - 268.

[173] Linder J. C. and Cantrell S., Five business-model myths that hold companies back. *Engineering Management Review IEEE*, Vol. 30, No. 3, 2002, pp. 26 - 26.

[174] Linus Dahlander and David M. Gann, How open is innovation?. *Research policy*, Vol. 39, No. 6, 2010, pp. 699 - 709.

[175] Lockett A., Thompson S. and Morgenstern U., The development of the resource-based view of the firm: a critical appraisal. *International Journal of Management Reviews*, Vol. 11, No. 1, 2009, pp. 9 - 28.

[176] Lundstrom A. and Stevenson L., Entrepreneurship policy for the future. Swedish Foundation for Small Business Research. *Stockholm*, 2001.

[177] Mahadevan B., Business models for Internet-based e-commerce: an anatomy. *California Management Review*, Vol. 42, No. 4, 2000, pp. 55 - 69.

[178] Marshall A., *Principles of economics Macmillan.* London, 1890.

[179] Mason C. and Brown R., Entrepreneurial ecosystems and growth oriented entrepreneurship. *Final Report to OECD*, 2011.

[180] Mason K. and Chakrabarti R., The role of proximity in business model design: Making business models work for those at the bottom of the pyramid. *Industrial Marketing Management*, Vol. 61, 2017, pp. 67 - 80.

[181] Mildred A. Hastbacka, Open innovation: What's mine is mine. What if yours could be mine too. *Technology Management Journal*, Vol. 12, No. 3, 2004, pp. 1 - 4.

[182] Miles J. and Potter S., Developing a viable electric bus service: the milton keynes demonstration project. *Research in Transportation Economics*, No. 48, 2014,

pp. 357 –363.

[183] Mitch Altman, How to create a hackerspace. *Make Technology on Your Time*, 2011, pp. 6 –11.

[184] Molly Brush, Free techshop memberships now available to ASU students [EB/OL]. http: //asunews. asu. edu/20140903 – students – free – techshop – memberships. September 3, 2014.

[185] Terziovski M., Innovation practice and its performance implications in small and medium enterprises (SMEs) in the manufacturing sector: a resource-based view. *Strategic Management Journal*, Vol. 31, No. 8, 2010, pp. 892 –902.

[186] Myradal G., *Economic theory and under-development regions*. Gerarld Duckworth, 1957.

[187] Oliver Gassmann, Opening up the innovation process: towards an agenda. *R&D Management*, Vol. 36, No. 3, 2006, pp. 223 –228.

[188] Osterwalder Alexander, The business model ontology a proposition in a design science approach. Diss. Université de Lausanne, Faculté des hautes études commerciales, 2004.

[189] Peel M. J., Wilson N., The liquidation/merger alternative some results for the UK corporate sector. *Managerial & Decision Economics*, Vol. 10, No. 3, 2010, pp. 209 –220.

[190] Pfeffer J., Salancik G. R., The external control of organizations: a resource dependence perspective. *Social ence Electronic Publishing*, Vol. 23, No. 2, 2003, pp. 123 –133.

[191] Phaal R., O'Sullivan E., Routley M., et al., A framework for mapping industrial emergence. *Technological Forecasting & Social Change*, No. 2, 2001, pp. 217 –230.

[192] Porter M. E., *The Competitive Advantage of Nations (with a new foreword)*. New York: The Free Press, 1998.

[193] Romer Paul, Increasing returns and long-run growth. *Journal of Political Economy*, Vol. 94, No. 5, 1986, pp. 1002 –1037.

[194] Rothwell R. and Zegveld W., *Reindustrialization and Technology*. Longman Group Limited, 1985, pp. 83 –104.

[195] Sang M Lee, Taewon Hwang and Donghyun Choi, Open innovation in the

public sector of leading countries. *Management Decision*, Vol. 50, No. 1, 2012, pp. 147 –162.

[196] Sapra H., Subramanian A. and Subramanian K. V., Corporate governance and innovation: theory and evidence. *Journal of Financial and Quantitative Analysis*, Vol. 49, No. 4, 2014, pp. 957 –1003.

[197] Shaker G., Safavi – Naeini S., Sangary N., et al., Inkjet printing of ultrawideband (UWB) antennas on paper-based substrates. *Antennas & Wireless Propagation Letters IEEE*, Vol. 10, 2011, pp. 111 –114.

[198] Newbert S. L., Value, rareness, competitive advantage, and performance: a conceptual – level empirical investigation of the resource-based view of the firm. *Strategic Management Journal*, Vol. 29, No. 7, 2008, pp. 745 –768.

[199] Stuart T. E., Interorganizational alliances and the performance of firms: a study of growth and innovation rates in a high-technology industry. *Strategic Management Journal*, Vol. 21, No. 8, 2000, pp. 791 –811.

[200] Tansley A. G., The use and abuse of vegetational concepts and terms. *Ecology*, Vol. 16, No. 3, 1935, pp. 284 –307.

[201] Teece D. J., Business models, business strategy and innovation. *Long Range Planning*, Vol. 43, No. 2 –3, 2010, pp. 172 –194.

[202] Timmers P., *Electronic Commerce*. 1999.

[203] Troxler P., Commons-based peer-production of physical goods: is there room for a hybrid innovation ecology? . 3rd free culture research conference, 2010.

[204] Von Thünen and Johann Heinrich, *Der isolierte Staat in Beziehung auf Nationalökonomie und Landwirtschaft*. Gustav Fischer, Stuttgart (reprinted 1966), 1826.

[205] Weber A., *Theory of the Location of Industries*. University of Chicago Press, 1929.

[206] Wernerfelt B., Stagflation, new products, and speculation. *Journal of Macroeconomics*, Vol. 6, No. 3, April 1993, pp. 295 –309.

[207] Woolthuis R. K., Lankhuizen M. and Gilsing V., A system failure framework for innovation policy design. *Technovation*, No. 6, 2005, pp. 609 –619.